Schokalden-Rezepte

Kochen und Backen mit Schokolade

66 Leckere

Schokoladen - Rezepte.

.

Aus der Serie

66 Rezepte zum Verlieben,

Teil 36

Autor.: M. Rockit

Inhalt

Herzhaft und Co.

Suppe mit Brunnenkresse und Mole

Zutaten

Für 6 Portionen

Mole

- 2 rote Peperoni
- 2 rote Chilischoten
- 45 g Datteln
- 35 g Mandelstifte
- 260 ml Gemüsefond
- 35 g Zartbitter-Kuvertüre (70 % Kakao)
- fein abgeriebene Schale von einer ½ Limette

Suppe

- 175 g mehlig kochende Kartoffeln
- 150 g Zwiebeln
- 35 g Butter
- 700 ml Milch
- 100 ml Wermut (z. B. Noilly Prat)
- 1 säuerlicher Apfel
- 150 ml Schlagsahne
- Salz
- Ca. 300g Brunnenkresse

Zeit

Arbeitszeit: 45 Min.

Plus Garzeit 45 Minuten

Nährwert

Pro Portion 311 kcal

Kohlenhydrate: 23 g

Eiweiß: 7 g

Fett: 20 g

Schwierigkeit

Zubereitung

Für die Mole Peperoni der Länge nach halbieren, die Kerne entfernen und grob klein schneiden. Chili putzen und klein schneiden. Die Datteln entkernen und feine Würfel schneiden. Chili, Peperoni und Mandeln in einem Topf ohne Fett bei mittlerer Hitze 4-5 Minuten anrösten, bis die Mandeln goldbraun sind. Datteln und Fond hinzugeben und offen bei wenig Hitze 11-13 Minuten köcheln. Alle Zutaten in ein hohes Gefäß füllen und mit einem Mixstab pürieren. Die Masse durch ein feines Sieb in eine Schale streichen. Kuvertüre klein hacken und in einer Schale im heißen Wasserbad schmelzen lassen. Limettenschale und Kuvertüre mit der Dattelmasse vermischen und wegstellen. Falls die Sosse beim Erkalten zu fest wird, mit 1 ½ -2 ½ El warmem Wasser verdünnen.

Für die Suppe Zwiebeln in Streifen schneiden. Kartoffeln schälen und in dünne Scheiben aufschneiden. Die Butter in einem Topf zerlassen und die Zwiebeln darin bei mittlerer Wärme 2 ½ -3 ½ Minuten glasig andünsten. Kartoffeln hinzugeben und ebenfalls 3 Minuten glasig dünsten. Das Ganze mit dem Wermut ablöschen und stark reduzieren lassen. 350ml Wasser und die Milch hinzugeben und offen 16 Minuten bei wenig Wärme kochen lassen. Apfel schälen, in Viertel teilen, entkernen und in feine Scheiben schneiden. Apfel und Sahne zur Suppe hinzugeben und weitere 5 Minuten bei milder Wärme kochen. Suppe in einem Küchenmixer fein mixen und mit Salz würzen.

Brunnenkressestiele am unteren Drittel abschneiden. Blätter und zarte Stiele verlesen, abwaschen, abtropfen lassen und sorgfältig putzen. Brunnenkresse grob klein hacken.

Suppe kurz aufkochen, Kresse hinzugeben und kurz darin aufwärmen. Die Suppe in Teller füllen und etwas von der Mole drauf träufeln. Die übrige Mole extra servieren.

Hirschsteaks mit Pfifferlingen und Schoko-Nougat-Sauce

Zutaten

Für 4 Portionen

- 400 g Pfifferlinge
- 225 g Knollensellerie
- 3 Zwiebeln (100 g)
- 100 g Porree
- 125 g Karotten
- 4 El Oivenöl
- 500 g Wildknochen (vom Metzger in 3-5 cm große Stücke zerteilt)
- 4 El Aceto balsamico
- 750 ml Wildfond
- 25 g Zartbitterschokolade
- 10 g Nougat
- 1 El Speisestärke
- Salz
- Pfeffer
- 100 g mehlig kochende Kartoffeln
- 200 g Maronen, vorgegart und vakumiert, Feinkostladen
- 40 g Butter
- 75 ml Schlagsahne
- 4 Stiele Petersilie
- 4 Hirschrückensteaks
- grobes Meersalz

Zeit

Arbeitszeit: 120 Min.

Nährwert

Pro Portion 535 kcal

Kohlenhydrate: 30 g

Eiweiß: 36 g

Fett: 29 g

Schwierigkeit

Zubereitung

Pfifferlinge putzen, die größeren Pilze halbieren. 1 Zwiebel, 100 g Sellerie, Porree und Möhren klein schneiden. 1 ½ El Olivenöl in einem schweren Topf erwärmen, die Knochen darin goldbraun anrösten. Das vorbereitetes Gemüse hinzugeben und 6 Minuten mitrösten. Mit 2 El Essig ablöschen und 500 ml Wildfond auffüllen. Flüssigkeit in ca. 30 Minuten auf die Hälfte reduzieren lassen. Anschließend durch ein Sieb in einen anderen Topf abgießen, Nugat und Schokolade bei mittlerer Wärme hineinrühren. Die Sauce mit der in etwas Wasser gelösten Stärke abbinden, mit Pfeffer und Salz, sowie dem restlichem Essig abschmecken und wegstellen.

Für das Maronenpüree die Kartoffeln schälen. Den restlichen Sellerie, Kartoffeln und Maronen in Würfel schneiden. 15 g Butter in einem Topf erhitzen, Kartoffeln und Sellerie darin goldbraun anrösten. Maronen hinzugeben und kurz miträsten. Sahne und den restlichen heißen Wildfond hinzugeben. Das Gemüse in 22-27 Minuten weich garen. Mit dem Mixstab fein pürieren, pfeffern und salzen, zugedeckt warm halten.

Die restliche Zwiebel klein schneiden. Petersilienblätter von den Stielen rupfen und grob schneiden. Die Sauce erwärmen. Hirschsteaks mit Küchengarn binden, mit Pfeffer und Salz würzen. Restliches Öl in einer Pfanne erwärmen, die Steaks darin von beiden Seiten scharf anbraten und im vorgeheizten Backofen bei 175 Grad in 7-10 Minuten fertig garen (Gas 2-3, Umluft wird nicht empfohlen).

In der Zwischenzeit die restliche Butter in einer Pfanne erhitzen, die Pfifferlinge darin 3-4 Minuten scharf anbraten, nach 2 Minuten die Zwiebeln hinzugeben.

Zum Servieren die Pilze mit Pfeffer und Salz abschmecken und Petersilie unterheben. Steaks mit Meersalz bestreuen und mit den Pilzen, der Sauce und Maronenpüree kredenzen.

Paccheri mit Artischocken

Zutaten

Für 4 Portionen

- Sugo und Nudeln
- 75 g Schalotten
- 1 Knoblauchzehe
- ½ rote Chilischote
- 1 kleine Orange
- 1 Dose geschälte Tomaten (800 g EW)
- 2 El Olivenöl
- Zucker
- Pfeffer
- Salz
- 280 g Paccheri-Nudeln
- Bohnen und Artischocken
- 400 g grüne Bohnenkerne, TK
- Saft von einer Zitrone
- 4 Artischocken (à 150 g)
- 60 g Schalotten
- 1 Knoblauchzehe
- 2 El Olivenöl
- 100 ml Wermut (z. B. Noilly Prat)
- Schokoladensauce
- 200 ml Aceto balsamico
- 1 Tl Zucker
- 20 g Halbbitter-Kuvertüre (oder Schokolade, 70 % Kakao)

Zeit

Arbeitszeit: 100 Min.

Nährwert

Pro Portion 683 kcal

Kohlenhydrate: 102 g

Eiweiß: 35 g

Fett: 13 g

Schwierigkeit

Zubereitung

Für den Sugo Schalotten in feine Würfel schneiden. Knoblauch klein hacken. Chili putzen und in feine Ringe schneiden. 1/3 der Orangenschale mit einem Schäler abschälen, sodass keine weiße Haut mehr vorhanden ist. Die Schale in feine Streifen schneiden und in kochendem Wasser ca. 17 Sekunden blanchieren, in ein Sieb gießen, abschrecken und gut abtropfen lassen. Tomaten in einem Sieb abtropfen lassen und dabei den Saft auffangen. Die Tomaten in feine Würfel schneiden. Öl in einem breiten Topf erhitzen, Knoblauch, Schalotten und Chili darin bei milder Hitze 2 ½ - 3 Minuten farblos andünsten. Tomaten, -saft und Orangenschale hinzugeben, mit Salz und 1 Prise Zucker verfeinern und offen bei milder Wärme dicklich einkochen lassen. Am Schluss Pfeffer würzen.

In der Zwischenzeit die Bohnenkerne in kochendem Salzwasser 3-4 Minuten kochen, in ein Sieb gießen, abschrecken und gut abtropfen lassen. Bohnenkerne aus den Häuten herausrücken. Zitronensaft mit ca. 1 l kaltem Wasser vermischen. Artischocken putzen, die Spitzen und 2/3 der äußeren harten Blätter entfernen. Die unteren Stielhälften der Artischocken wegschneiden. Die restliche Stiele bis zum hellen Fruchtfleisch abschälen. Mit einem Teelöffel das innere Heu entfernen. Artischocken in 2 Teile zerteilen und sofort in das Zitronenwasser legen. Schalotten fein würfeln und die Knoblauchzehe zerdrücken.

Öl in einem Topf erhitzen, Schalotten, Knoblauch und Artischocken darin bei mitt- lerer Hitze 1 ½ Minuten anbraten. Wermut und dicke Bohnen hinzugeben und zugedeckt weitere 3-4 Minuten bei mittlerer Hitze garen. Mit Pfeffer, Salz und Zucker abschmecken.

Für die Sauce Zucker und Balsamico in einen Topf füllen und bei mittlerer Hitze auf 5 El reduzieren. Die Kuvertüre klein hacken, in einer Schale zusammen mit dem reduzierten Essig und 2 El Wasser schmelzen lassen. Im Wasserbad warm halten, dabei auf die Hitze achten, das Wasser darf nicht kochen! Tomatensugo bei mittlerer Hitze erwärmen.

Nudeln Packungsanweisung bissfest garen. In ein Sieb gießen und abtropfen lassen, dabei 155 ml Nudelwasser auffangen. Nudeln und aufgefangenes Nudelwasser in den Sugo hineingeben und sämig einkochen. Nudeln mit Artischocken, Bohnen und Schokoladensauce auf vorgewärmten Teller anrichten und sofort auftragen.

Tipp Wenn Sie keine Paccheri bekommen, können Sie das Gericht auch mit anderen kurzen Nudeln wie Orecchiette oder Conchiglie zubereiten.

Tarte mit Entenleber

Zutaten

Für 6 Portionen

Biskuit

- 1 Ei (Größe M)
- Salz
- 20 g Zucker
- 30 g Mehl
- 1 Tl fein gehackter Thymian
- 25 g Bitterschokolade (64%)

Entenleber-Parfait

- 200 g Butter
- 1 Apfel
- 1 Schalotte
- 15 g frischer Ingwer
- 1 Orange
- 3 El Rotwein
- 3 El roter Portwein
- 100 ml Entenfond
- 1 kleiner Rosmarinzweig
- 2 Stiele Thymian
- 250 g Entenleber
- 1 Ei (Größe M)
- Pfeffer und Salz
- ¼ Tl gemahlene Muskatblüte
- 2 ½ El gehackte Pistazien

Portweingelee

- 1 ½ Blätter Gelatine, weiß
- 85 ml roter Portwein
- 30 ml Cassis

Zeit

Arbeitszeit: 145 Min.

Plus Kühlzeiten

Nährwert

Pro Portion 449 kcal

Kohlenhydrate: 18 g

Eiweiß: 12 g

Fett: 33 g

Schwierigkeit

Zubereitung

Für den Biskuit das Ei mit 3-4 Prisen Salz und in einen Schlagkessel füllen und über einem heißen Wasserbad schaumigluftig aufschlagen. Anschließend über einem kalten Wasserbad kalt schlagen. Das Mehl portionsweise in die Masse sieben und vorsichtig unterrühren. Thymian unterheben. Den Teig in eine mit Backpapier ausgelegte Springform (Ø 16 cm) streichen und im aufgeheizten Backofen bei 200 Grad (Gas 3, Umluft 175 Grad) 11-13 Minuten backen. Den Biskuit auf einem Kuchengitter auskühlen lassen.

Die Bitterschokolade in grobe Stücke brechen, in eine Schale geben und über einem ca. 40 Grad warmen Wasserbad schmelzen lassen. Die flüssige Schokolade gleichmäßig auf dem Biskuitboden verteilen und trocknen lassen.

Für das Entenleber-Parfait geklärte Butter herstellen: Dafür 190 g Butter in einem Topf bei mittlerer Flamme so lange erwärmen, bis sich die Molke am Topfboden absetzt und leicht braun wird. Ein Küchensieb mit einem Mulltuch auslegen, die Butter durchgießen, auffangen und wegstellen.

Die Schalotte in feine würfeln. 1/2 Apfel schälen, entkernen und grob in Stücke schneiden. Ingwer schälen und in feine Würfel schneiden. Die Orange heiß abwaschen, trocknen und 1/4 der Orangenschale fein abraspeln. Den Saft herauspressen und 100 ml auffangen.

Die restliche Butter erwärmen und darin Apfel, Ingwer und Schalotten andünsten. Mit Rot- und Portwein ablöschen, etwas einkochen lassen und mit Orangensaft und Entenfond auffüllen. Orangenschale, Thymian und Rosmarin dazugeben. Bei mittlerer Flamme auf 40 ml Flüssigkeit reduzieren lassen. Kühl stellen.

In der Zwischenzeit die Entenleber putzen und in grobe Stücke zerschneiden. Thymian und Rosmarin aus der abgekühlten Reduktion entfernen. Leber, Reduktion, Ei, ½ Tl Salz, etwas Pfeffer und Muskatblüte im Küchenmixer kurz pürrieren. Flüssige Butter dazugeben und nochmals kurz durchmixen. Die Masse durch ein feines Küchensieb streichen. Die Masse in eine Terrinenform mit Deckel (500 ml Inhalt) einfüllen, verschließen und in einen Bräter stellen. Bräter bis 4-5 cm unter den Terrinenrand mit warmem Wasser auffüllen. Im aufgeheizten Backofen bei 150 Grad (Gas 1, Umluft wird nicht empfohlen) auf der 2. Schiene von unten 55 Minuten garen. Terrinenform aus dem Bräter nehmen und über Nacht im Kühlschrank auskühlen lassen.

Das kalte Parfait mit dem Löffel portionsweise aus der Form entnehmen, gleichmäßig auf dem Biskuitboden verteilen und die Oberfläche glatt streichen. Mit Klarsichtfolie abdecken und mindestens 1 Stunde kühl stellen.

Für das Portweingelee die Gelatine in kaltem Wasser aufweichen. Cassis und Portwein anwärmen und die ausgedrückte Gelatine darin auflösen. Bis kurz vor dem Gelieren auskühlen lassen, danach gleichmäßig auf der Oberfläche des Leber-Parfaits verteilen. Die Tarte mit Entenleber mindestens 4 Stunden kühl stellen.

Springformrand mithilfe eines kleinen Küchenmessers von der Tarte lösen. Den Tarterand mit Pistazien abstreuen. Tarte mit einem in warmes Wasser getauchten Küchenmessers in 8 gleich große Tortenstücke aufschneiden.

Chili con carne a la Rockit

Zutaten

Für 8 Portionen

- 1.3 kg Rindfleisch (aus der Schulter)
- 1 Gemüsezwiebel (ca. 250 g)
- 2 gelbePaprikaschoten
- 2 rote Paprikaschoten
- 3 Knoblauchzehen
- 1 grüne Pfefferschote
- 1 rote Pfefferschote
- 6 El Olivenöl
- Meersalz
- 3 ½ El Tomatenmark
- 3 ½ Tl edelsüßes Paprikapulver
- 1 Tl Cayennepfeffer
- 2 Tl brauner Zucker
- ½ Tl gemahlener Kreuzkümmel
- 1 Dose geschälte Tomaten (850 g EW)
- 225 ml Gemüsebrühe
- 1 Dose Mais (425 g EW)
- 1 Dose Kidneybohnen (425 g EW)
- 30 g dunkle Schokolade (70 % Kakaoanteil)
- ½ Bund Koriandergrün
- 250 g Schmand

Zeit

Arbeitszeit: 30 Min.

plus 1 ½ Stunden Garzeit

Nährwert

Pro Portion 468 kcal

Kohlenhydrate: 23 g

Eiweiß: 39 g / Fett: 23 g

Schwierigkeit

Zubereitung

Rindfleisch 1 ½ - 2 cm große Stücke würfeln. Zwiebel in feine Würfel schneiden. Paprika putzen, waschen und in 1 cm große Stücke schneiden. Knoblauch in dünne Scheiben schneiden. Pfefferschoten in dünne Ringe aufschneiden. Das Fleisch in zwei Portionen in je 2 El heißem Öl in einem Bräter von allen Seiten 6–11 Min. scharf anbraten. Mit Salz abschmecken und herausnehmen.

1 El Öl, Zwiebeln, Knoblauch, Paprika und Pfefferschoten hinzugeben und 5 Min. braten. Das Fleisch wieder hinzugeben. Tomatenmark hineingeben und anrösten. Mit Paprikapulver, Cayennepfeffer, Zucker und Kreuzkümmel abschmecken. Brühe und Tomaten aus der Dose hinzugeben, aufkochen und zugedeckt bei mittlerer Flamme ca. 1 ½ Std. kochen.

Bohnen und Mais abgießen, mit kaltem Wasser abspülen und gut abtropfen lassen. Schokolade fein zerreiben und mit dem Mais und Bohnen unter das fertige Chili rühren. Mit Salz, evtl. Paprikapulver und Cayennepfeffer verfeinern. Koriandergrün grob zerhacken, mit Schmand zum Chili kredenzen.

Um mein Chili noch authentischer zu machen, gebe ich etwas dunkle Schokolade hinzu. Die Schokolodae bindet die Flüssigkeit und rundet den Geschmack herb-schokoladig ab.

Baby-Puter mit Rotkohl und Bulgur

Zutaten

Für 6 Portionen

Rotkohl

- 1 ½ kg Rotkohl
- 800 g Orangen
- 500 g säuerliche Äpfel
- 4 g Wacholdebeeren (angedrückt)
- 4 g Pimentkörner (angedrückt)
- 2 g Pfeffer (angedrückt)
- 4 Nelken
- 2 Lorbeerblätter
- 300 ml frisch gepressten Orangensaft
- 400 ml Rotwein
- 9 El Rotweinessig
- 145 g Zwiebeln
- 25 g Gänseschmalz
- 2 ½ El Zucker
- 25 g Halbbitter-Kuvertüre (70 %)

Puter:

- 400 ml Möhrensaft
- 275 g Bulgur
- 100 g getrocknete Pflaumen
- 15 g glatte Petersilie
- 15 g Minze
- 1 rote Chilischote
- 200 g Feta-Käse
- 1 Baby-Puter (ca. 3 ½ kg)
- Pfeffer und Salz
- 45 g Butter

- 1 El Cayennepfeffer
- 1 l Geflügelfond
- 25 g Honig
- 2-3 El Speisestärke

Zeit

Arbeitszeit: 245 Min.

Nährwert

Pro Portion 1289 kcal

Kohlenhydrate: 87 g

Eiweiß: 100 g

Fett: 58 g

Schwierigkeit

Zubereitung

Die äußeren Blätter und den Strunk vom Rotkohl wegschneiden. Kohl vierteln, in sehr feine Streifen zerschneiden. Orangen schälen, dabei die weiße Haut komplett entfernen. Die Orangenfilets zwischen den Trennhäuten herausschneiden. Äpfel schälen, achteln, entkernen und in feine Würfel schneiden. Wacholder, Piment, Pfeffer, Nelken und Lorbeer in einem Teebeutel verschließen. Orangensaft, Wein, Essig und Kohl vermischen, 12-13 Minuten durchkneten. Äpfel, Orangen und Gewürzbeutel mit dem Kohl vermischen, zudecken und über Nacht ziehen lassen.

Für den Puter den Möhrensaft einmal kurz aufkochen, den Bulgur unterrühren. Zugedeckt 18-20 Minuten quellen lassen. Die Pflaumen in 1 cm große Stücke zerschneiden. Petersilien- und MInzeblätter fein zerschneiden. Chili putzen und klein schneiden. Den Käse in grobe Stücke teilen. Minze, Petersilie, Pflaumen, Chili und Käse mit Bulgur vermischen, pfeffern und salzen. Puter innen salzen, mit dem Bulgur befüllen. Öffnung mit Holzstäbchen fest verschließen, mit Küchengarn zubinden. Die Keulen ebenfalls fest zusammenbinden. Kalte Butter mit Salz und Cayenne würzen. Putenbrüste mit Butter einreiben. Den Puter auf dem Rost (Brust nach oben) auf der untersten Schiene im aufgeheizten Backofen bei 175 Grad (Gas 1-2, Umluft wird nicht empfohlen) 3 Stunden garen. Die Saftpfanne mit 400 ml Fond füllen und auf den Ofenboden stellen. Portionsweise restlichen Fond aufs Blech gießen. Puter bei Bedarf in der letzen ½ Stunde mit Alufolie bedecken.

Kohl im Sieb abtropfen lassen und Marinade auffangen. Zwiebeln fein schneiden. Schmalz im Topf erwärmen, die Zwiebeln mit Zucker darin bei mittlerer Flamme 4-5 Minuten andünsten. Den Kohl hinzugeben und unter Umrühren weitere 4-5 Minuten dünsten. Den Gewürzbeutel und die Hälfte des Kohlsafts hinzufügen, bei mittlerer Flamme offen 25 Minuten kochen. Mit restlichem Kohlsaft auffüllen und nochmals 30 Minuten kochen, eventuell nochmals mit Salz und Zucker würzen. Kurz vor dem Auftragen die Kuvertüre hinzugeben und schmelzen lassen.

Saftpfanne aus dem Ofen nehmen, Bratensatz mit einem Pinsel vom Blech ablösen. Sosse vorsichtig in ein Fettkännchen umfüllen, bis sich das Fett abgesetzt hat. Sosse in einen Topf hineingeben, Honig hineinrühren, einmal kurz aufkochen. Sosse ohne Fett mit der in wenig Wasser angerührten Stärke abbinden und 3-4 Minuten leise kochen. Die Sosse warm halten.

Puter aus dem Ofen entnehmen. Brüste und Keulen auslösen und warm halten. Rippenknochen mit einer Geflügelschere durchschneiden, Brustkorb nach oben aufbrechen. Füllung entnehmen.

Puter mit Rotkohl, Sosse und Füllung kredenzen.

Hasen-Keulen

Zutaten

Für 4 Portionen

- 600 g Schmorgemüse (Möhren, Sellerie, Zwiebeln, Petersilienwurzel)
- 45 g frischer Ingwer
- 4 Hasenkeulen (Stück ca. 450 g)
- 1 l Rotwein
- 200 ml Portwein
- 3 Streifen unbehandelte Orangenschale, dünn abgeschnitten
- 4 Wacholderbeeren
- 1 Tl schwarze Pfefferkörner
- Pimentkörner
- 1 Tl Koriandersaat
- 6 El Öl
- Pfeffer und Salz
- 2 Tl Tomatenmark
- 25 g Zartbitter-Kuvertüre
- 2 Tl Speisestärke

Zeit

Arbeitszeit: 155 Min.

Nährwert

Pro Portion 533 kcal

Kohlenhydrate: 8 g

Eiweiß: 61 g

Fett: 22 g

Schwierigkeit

Zubereitung

Schmorgemüse putzen und in 1 ½ -2 cm dicke Würfel schneiden. Ingwer abschälen und in grobe Stücke schneiden. Hasenkeulen in einem Bräter legen. In einem Topf das Schmorgemüse mit Rotwein, Portwein, Orangenschale, Ingwer und 500 ml Wasser aufkochen. Pfeffer- und Pimentkörner, Wacholderbeeren sowie Koriandersaat in einer Pfanne 1 ½ Minute anrösten und zur Rotweinmarinade hinzugeben. Die Marinade ein wenig abkühlen lassen, lauwarm über die Hasenkeulen gießen, sodass diese vollständig bedeckt sind. Mindestens 12 Stunden marinieren.
Hasenkeulen aus der Marinade nehmen und sorgfältig trockentupfen. Die Marinade durch ein Sieb abgießen, das Gemüse abtropfen lassen, die Marinade auffangen und 1,5 l auf die Seite stellen.
4 EL Öl in einem Bräter erhitzen. Keulen mit Pfeffer und Salz würzen und darin von beiden Seiten anbraten. Herausnehmen, restliches Öl hineingeben und das Gemüse darin braun anbraten. Das Tomatenmark hineinrühren, kurz miträsten und 500 ml Marinade auffüllen. Die Keulen wieder dazulegen und abgedeckt bei mittlerer Flamme 2 Stunden schmoren. Dabei die restliche Marinade portionsweise dazugeben.
Keulen herausnehmen, das Fleisch vom Knochen ablösen und warm halten. Die Schmorflüssigkeit durch ein feines Sieb in einen Topf umfüllen und um ein Drittel einkochen. Kuvertüre fein reiben. Sauce mit der in wenig kaltem Wasser gelösten Stärke abbinden, mit Pfeffer und Salz verfeinern. Kuvertüre hineinrühren und darin schmelzen lassen. Das Fleisch hineinlegen und in der Sauce 10 Minuten erwärmen. Dazu passen rohe Klösse.

Lamm-Rücken mit Schoko-Olivenöl-Sauce

Zutaten

Für 4 Portionen

Schokoladen-Olivenöl-Sauce

- 1 rote Chilischote
- 2 schwarze Nizza-Oliven mit Stein
- 35 g Zartbitterschokolade (64 %)
- 2 Tl Kakaopulver
- 65 ml kaltgepresstes Olivenöl
- Selleriepüree
- 1 Knollensellerie (ca. 1 ½ kg)
- Salz
- 85 g Butter

Lammrücken

- 600 g Lammrücken (küchenfertig und ohne Knochen)
- Pfeffer und Salz
- 5 Knoblauchzehen
- 5 El Olivenöl
- 2 kleine Zweige Rosmarin
- Fleur de Sel zum Bestreuen

Zeit

Arbeitszeit: 65 Min.

Nährwert

Pro Portion 598 kcal

Kohlenhydrate: 8 g

Eiweiß: 34 g

Fett: 47 g

Schwierigkeit

Zubereitung

Für die Schokoladen-Olivenöl-Sauce die Chilischote der Länge nach halbieren, entkernen und klein würfeln. Die Oliven halbieren, entsteinen und in feine Würfel schneiden. Die Schokolade mit einem Küchenmesser grob hacken.

Schokolade in einen kleinen Schlagkessel geben und im warmen (nicht kochenden) Wasser schmelzen lassen. Kakaopulver hinzugeben und gut unterrühren. Olivenöl unter ständigem Rühren hineingießen. Oliven und Chili und hinzugeben, gut verrühren und warm stellen.

Für das Selleriepüree den Knollensellerie mit einem scharfen Küchenmesser abschälen. Sellerie in ca. 2 ½ cm große Stücke aufschneiden und in kochendem Salzwasser in 11-16 Minuten weich kochen.

Lammrücken trockentupfen, leicht pfeffern und salzen. Knoblauchzehen leicht andrücken. Lammrücken im heißen Olivenöl 3 Minuten hellbraun ringsrum anbraten. Nach 1 ½ Minuten Rosmarin und Knoblauch zugeben. Im aufgeheizten Backofen bei 175 Grad (Gas 2-3, Umluft 150 Grad) auf der 2. Schiene von unten in 6-7 Minuten zu Ende garen. Lammrücken aus dem Ofen entnehmen, in Alufolie einwickeln und 5-6 Minuten ruhen lassen.

Inzwischen den Sellerie abgießen, gut abtropfen lassen und im Küchenmixer pürieren, dabei die Butter in Stücken portionsweise zugeben.

Lammrücken auswickeln und in 12 gleich große Stücke aufschneiden. Mit Selleriepüree und Schokoladen-Olivenöl-Sauce auf Tellern anrichten. Das Fleisch mit etwas Fleur de Sel bestreuen. Mit Rosmarin und Knoblauchzehen garnieren. Sofort auftragen.

Ochsenschwanz mit Steinpilz-Füllung

Zutaten

Für 8 Portionen

Füllung

- 170 g Weißbrot ohne Rinde
- 160 g frische Steinpilze
- 55 g Schalotten
- 2 Knoblauchzehe
- 4 Stiele glatte Petersilie
- 3El Olivenöl
- Pfeffer und Salz
- 25 g Butter
- 150 ml Milch
- Muskatnuss
- 3 Eier (Größe M)
- 3 El Semmelbrösel

Ochsenschwanz

- 1,3 kg Ochsenschwanz (vom Schlachter in Scheiben geschnitten)
- Pfeffer und Salz
- 150 g Zwiebeln
- 175 g Staudensellerie
- 160 g Möhren
- 4 Knoblauchzehen
- 9 El Öl
- 200 ml Rotwein
- 200 ml Portwein
- 850 ml Rinderfond
- 1 Lorbeerblatt
- 6 Stiele Thymian

- 75 g Butter
- 8 Schweinenetz (à 20x25 cm, beim Schlachter vorbestellen)
- 10 g gute Bitterschokolade

Zeit

Arbeitszeit: 95 Min.

Nährwert

Pro Portion 510 kcal

Kohlenhydrate: 14 g

Eiweiß: 28 g

Fett: 37 g

Schwierigkeit

Zubereitung

Das Weißbrot in kleine Würfel schneiden, auf einem Backblech verteilen und im vorgeheizten Backofen bei 160 Grad auf der 2. Schiene von unten 12 Minuten trocknen lassen (Gas 1-2, Umluft wird nicht empfohlen). Aus dem Ofen nehmen und abkühlen lassen.

Die Steinpilze sorgfältig putzen, je nach Größe halbieren oder vierteln und danach in Scheiben schneiden. Schalotten in feine Würfel schneiden, Knoblauch klein hacken. Petersilienblätter abrupfen und klein schneiden. Das Öl in einer Pfanne erwärmen, darin die Steinpilze bei starker Hitze 1 ½ -2 ½ Minuten anbraten, pfeffern und salzen. Pilze in einem Sieb gut abtropfen lassen und klein hacken.

Die Butter in einer Pfanne erhitzen, darin Knoblauch und Schalotten glasig andünsten. Die Milch aufkochen, mit Pfeffer, Salz und Muskat herzhaft würzen. In einer Schüssel die Brotwürfel mit Pilzen, Petersilie, Schalottenmischung, leicht abgekühlter Milch, Eiern und Semmelbröseln gründlich vermischen. Abgedeckt 35 Minuten aufquellen lassen.

Die Ochsenschwanzstücke von allen Seiten mit Pfeffer und Salz würzen. Zwiebeln abpellen, Sellerie putzen und abwaschen, Möhren schälen; alles in klein würfeln. Die Knoblauchzehen pellen und zerdrücken.

Öl in einem schweren Bräter erhitzen, darin das Fleisch bei starker Flamme von allen Seiten 2 ½ Minuten kräftig braten. Das Fleisch rausnehmen, das Wurzelgemüse hineingeben und bei mittlerer Flamme 12 Minuten braten, dabei öfter umrühren. Den Portwein hinzugeben und stark reduzieren lassen. Danach den Rotwein hinzugeben, ebenfalls stark reduzieren lassen.

Das Fleisch auf das Gemüse im Bräter legen, mit dem Rinderfond und 400 ml Wasser auffüllen und im aufgeheizten Backofen auf der 2. Schiene von unten bei 160 Grad 1 Stunde zugedeckt schmoren lassen (Gas 1-2, Umluft wird nicht empfohlen). Dann ohne Deckel weitere 2 Stunden bei 180 Grad schmoren lassen (Gas 2-3), die Fleischstücke ab und zu umdrehen. 22-23 Minuten vor Ende der Garzeit Thyminan und Lorbeerblatt hinzugeben.

Butter in kleine Würfel schneiden und tiefgefrieren. Schweinenetz in kaltes Wasser legen (am besten 30 Minuten unter fließendem Wasser wässern).

Fleisch aus dem Bräter entnehmen, mit einem angefeuchteten Küchentuch abgedeckt abkühlen lassen. Schmorflüssigkeit durch ein Sieb in einen Topf umfüllen, das Fett abschöpfen und entfernen. Flüssigkeit bei schwacher Hitze auf 180 ml reduzieren.

Aus der Brotmasse mit angefeuchteten Händen 8 gleich große Knödel formen, dabei leicht flachdrücken.

Das Fleisch stückchenweise vom Knochen ablösen, dabei eventuell vorhandene Knorpel und Fett entfernen.

Schweinenetz auf einer leicht befeuchteten Arbeitsfläche ausbreiten. Jeweils 1 Knödel auf 1 Stück Netz legen, mit ca. 8 Fleischstücken drumrum legen, dabei leicht andrücken. Mit dem Schweinenetz überziehen und die Ochsenschwanzpäckchen damit verschließen.

Das restliches Öl in einer beschichteten Pfanne erhitzen, die Päckchen 2 Minuten bei mittlerer Flamme darin anbraten, umdrehen und anschließend im aufgewärmten Backofen auf der 2. Schiene von unten bei 180 Grad weitere 10 Minuten braten; dabei einmal drehen(Gas 2-3).

Sauce erhitzen, die Schokolade und gefrorene Butter unter Rühren nach und nach dazugeben (Sauce darf nicht kochen!).

Das Fleisch mit der Sauce kann als Hauptgang mit einer beliebiger Beilage für 4 Personen oder als Zwischengericht für 8 Personen serviert werden.

Rinderfilet mit Orangen-Kakao-Gewürzmix

Zutaten

- 2 Orangen
- 2 Tl Zucker
- 10 Safranfäden
- Salz
- 7 El Olivenöl
- 2 El Weißweinessig
- 1 Tl Piment
- 1 Tl roter Pfeffer (Pondichery)
- 25 g Kakao-Nibs (geröstete Kakaobohnensplitter)
- Fleur de sel
- 50 g Baby-Leaf-Salat
- 500 g Blumenkohl
- 600 g Rinderfilet
- 60 g Butter

Außerdem

Alufolie

Zeit

Arbeitszeit: 60 Min.

Nährwert

520 kcal

Kohlenhydrate: 9 g/ Eiweiß: 35 g/Fett: 37 g

Schwierigkeit

Zubereitung

Orangen heiß abspülen und abtrocknen. Schale von 1 Orange fein abreiben, den Saft herauspressen. Zucker in einem Topf hellbraun karamellisieren, mit Orangensaft ablöschen und die Safranfäden hinzugeben. Auf die Menge von ca. 3 El stark reduzieren lassen, dann leicht salzen. 5 El Öl und Essig unterrühren. Die restliche Orange so schälen, dass die weiße Haut vollständig entfernt wird. Filets zwischen den Trennhäuten rausschneiden und in das Safran-Dressing geben. Roten Pfeffer, Piment und Kakao-Nibs in einem Mörser grob zerdrücken. Orangenschale und 1 Prise Fleur de sel hinzugeben. Salat abwaschen und trocken schleudern.

Den Blumenkohl putzen, die dicken Strünke entfernen. Blumenkohl in Röschen aufteilen und in kochendem Salzwasser 6-7 Minuten kochen. Abschrecken, gut abtropfen lassen. Die Röschen in feine Scheiben aufschneiden.

Das Rinderfilet in vier gleich große Medaillons aufschneiden. Das restliche Öl und 25 g Butter in einer ofenfesten beschichteten Pfanne erwärmen, Medaillons darin bei nicht zu starker Flamme in 2 ½ -3 ½ Minuten von allen Seiten anbraten, mit Salz würzen. Rinderfilet im vorgewärmten Backofen bei 150 Grad (Gas 1, Umluft wird nicht empfohlen) auf der 2. Schiene von unten 11-12 Minuten garen. Filets herausnehmen, etwas von der Gewürzmischung drauf streuen und in Alufolie gewickelt 5 Minuten ruhen lassen.

Restliche Butter in einer beschichteten Pfanne schmelzen, Blumenkohlscheiben darin bei nicht zu starker Flamme 3 Minuten anbraten. Den Salat mit dem Orangen-Dressing vermischen. Die restliche Gewürzmischung auf die Rinderfilets streuen und zusammen mit Blumenkohl und Salat sofort auftragen.

Tipp: Dunkel und trocken aufbewahrt bleibt die Gewürzmischung ca. 2 Wochen frisch. Neben Rindfleisch passt sie wunderbar zu exotischen Hähnchengerichten.

Ochsenschwanz mit Tortiglioni

Zutaten

Für 8 Portionen

- 285 g weiße Zwiebeln
- 200 g Bundmöhren
- 400 g Knollensellerie
- 4 Knoblauchzehen
- 50 g Rosinen
- 1 rote Chilischote
- 8 El Olivenöl
- 1 kg Ochsenschwanz (in 3-4 cm Stücke zerlegt)
- Pfeffer und Salz
- 1 El Tomatenmark
- 300 ml Rotwein
- 500 ml Rinderfond
- 1 Tomate
- 1 Tl schwarze Pfefferkörner
- 1 Tl Wacholderbeeren
- 10 Stiele Thymian
- 4 kleine frische Lorbeerblätter
- Zucker
- 700 g Tortiglioni
- 8 Stiele glatte Petersilie
- 5 g Kakao-Nips (60 % Zartbitterkuvertüre)

Zeit

Arbeitszeit: 30 Min.

plus Garzeit 3 ½ Stunden

Nährwert

Pro Portion 623 kcal

Kohlenhydrate: 74 g /Eiweiß: 25 g/ Fett: 23 g

Schwierigkeit

Zubereitung

Zwiebeln fein würfeln. Möhren und Sellerie putzen, schälen und in 1 cm dicke Würfel schneiden. Knoblauch fein würfeln. Rosinen in warmem Wasser einweichen. Chili putzen und fein schneiden.
4 El Öl in einem Topf erhitzen, Fleisch darin in zwei bis drei Portionen bei starker Hitze 3-4 Minuten von allen Seiten anbraten. Mit Pfeffer und Salz würzen und herausnehmen. Restliches Öl im selben Topf erhitzen, Knoblauch, Zwiebeln und Chili darin bei mittlerer Wärme 5-6 Minuten anbraten. Sellerie und Möhren hinzugeben, 5-6 Minuten mitbraten. Unter Rühren das Tomatenmark eine ½ Minute mitrösten. Mit Rotwein ablöschen und reduzieren lassen. Fond, Tomaten, Fleisch und 500 ml kaltes Wasser hinzugeben und zugedeckt bei milder Wärme 2 Stunden kochen. Deckel entfernen und bei milder Hitze weitere 1 ½ Stunden garen. Die Rosinen abtropfen lassen und zum Fleisch hineingeben. Pfeffer und Wacholder andrücken, mit Lorbeer und Thymian in einen Teebeutel geben, zubinden und 22 Minuten vor Ende der Garzeit zum Fleisch legen. Vor dem Servieren mit Pfeffer, Salz und Zucker verfeinern, den Gewürzbeutel entfernen.
Nudeln nach Packungsanweisung bissfest kochen, in ein Sieb gießen und abtropfen lassen, dabei 200 ml Nudelwasser auffangen. Einen Teil der Ragout-Sauce in einer großen Pfanne erwärmen. Nudelwasser und Nudeln hinzugeben und in 2 ½ -3 ½ Minuten sämig einkochen. Petersilienblätter abrupfen, klein schneiden und zusammen mit den Kakao-Nips in das heiße Ragout hineinrühren. Nudeln mit der Sauce in vorgewärmte Teller geben. Das Ochsenschwanzragout dazu anreichen.

Wild-Schokoladensauce

Zutaten

- Für 6 Portionen
- 1 kg Wildknochen
- 160 g Staudensellerie
- 125 g Möhren
- 300 g Zwiebeln
- 3 El Pflanzenöl
- 1 El Tomatenmark
- 500 ml Rotwein
- 3 Zweige Rosmarin
- 2 kleine Lorbeerblätter
- 1 Tl Pimentkörner
- 1 Tl schwarze Pfefferkörner
- 1 Tl Wacholderbeeren
- Salz
- 1-2 Tl Speisestärke
- 5 g halbbittere Schokolade

Zeit

Arbeitszeit: 245 Min.

Nährwert

Pro Portion 70 kcal

Kohlenhydrate: 1 g

Eiweiß: 1 g

Fett: 5 g

Schwierigkeit

Zubereitung

Knochen auf ein Backblech legen und im aufgeheizten Backofen bei 200 Grad (Gas 3, Umluft 175 Grad) auf der 2. Schiene von unten 45-50 Minuten rösten, ab und zu umdrehen. Sellerie putzen, abwaschen und in kleine Würfel schneiden. Möhren putzen, schälen und ebenfalls würfeln. Zwiebeln klein schneiden. Möhren, Sellerie und Zwiebeln auf das Blech mit dem Knochen vermischen und weitere 30 Minuten anrösten.

Öl in einem hohen Topf mit dicken Boden erhitzen, Gemüse und Knochen vom Blech darin bei nicht zu starker Hitze 11 Minuten weiter anrösten. Den Bratenansatz auf dem Blech mit 400 ml heißes Wasser löschen und mit einem Pinsel gründlich ablösen. Den Bratenansatz in einer Schüssel wegstellen. Tomatenmark unter die Knochen rühren und 30 Sekunden mitanrösten. Mit der Hälfte vom Wein ablöschen und stark reduzieren lassen. Den restlichen Rotwein hinzugeben und ebenfalls stark reduzieren lassen.

Den Bratenansatz mit 4 l kaltem Wasser zu den Knochen hinzugeben und offen bei milder Hitze 1 ½ Stunden köcheln lassen, dabei die Trübstoffe an der Oberfläche entfernen. Ca. 30 Minuten vor Ende der Kochzeit Lorbeer, Rosmarin, Pfeffer, Wacholder und Piment hinzugeben. Den Fond durch ein mit Mulltuch ausgelegtes Sieb in ein anderen Topf umfüllen (ergibt ca. 1,8 l Fond).

Den Fond in einen Topf gießeb und bei milder Wärme auf 400 ml einkochen, bei Bedarf leicht mit Salz würzen. Die in wenig Wasser angerührte Speisestärke in den kochenden Fond geben und damit abbinden. Sauce 3-4 Minuten köcheln lassen, erst kurz vorm Servieren die Schokolade hinzugeben und schmelzen lassen. Sauce zu den Rehrücken anreichen.

Crème, Mouse und andere kleine Leckereien

Schoko-Nougat-Butter

Zutaten

Für 2 Gläser

- 100 g Zartbitterkuvertüre
- 75 g Haselnussnougatmasse
- 250 g weiche Butter
- 100 g gesalzene und geröstete Pistazien in der Schale

Zeit

Arbeitszeit: 20 Min.

Nährwert

Pro Glas 127 kcal

Kohlenhydrate: 4 g

Eiweiß: 1 g

Fett: 12 g

Schwierigkeit

Zubereitung

Nougatmasse und Kuvertüre grob hacken und über einem warmen Wasserbad schmelzen lassen. Lauwarm abkühlen lassen. Die Butter mit den Quirlen eines Handmixers mindestens 7 Minuten cremig-weiß verrühren. Die Kuvertüre-Nougatmasse unterrühren.

Pistazien aus der Schale lösen, grob hacken, bis auf 1 El in die Butter rühren, Masse in Gläser füllen. Restliche Pistazien darauf- streuen. zugedeckt kalt stellen. ca. 40 Minuten vor dem Servieren aus dem Kühlschrank nehmen, damit die Butter streichfähig wird.

Sacher-Trifle

Zutaten

Für 8 Portionen

- Teig
- 100 g Zartbitterkuvertüre (55 % Kakao)
- 100 g Zucker
- 100 g weiche Butter
- Salz
- 4 Eier (Größe M, getrennt)
- 100 g Mehl

Bayerische Schokoladencreme:

- 4 ½ Blätter Gelatine, weiß
- 85 g Zartbitterkuvertüre, (55 % Kakao)
- 400 ml Milch
- 4 Eigelb (Größe M)
- 100 g Zucker
- 400 ml Schlagsahne

Zum Schichten:

- 4 El brauner Rum
- 30 g Puderzucker
- 125 g Aprikosenkonfitüre
- Schokoladenblätter
- 100 g Zartbitterkuvertüre, (55 % Kakao)
- 16 ungespritzte feste Rosenblätter
- 2 Tl Kakao

Außerdem

- Backpapier
- Einwegspritzbeutel

Zeit

Arbeitszeit: 55 Min.

plus Kühlzeit mindestens 5 Stunden

Nährwert

Pro Portion 743 kcal

Kohlenhydrate: 67 g

Eiweiß: 12 g

Fett: 45 g

Schwierigkeit

Zubereitung

Für den Teig die Kuvertüre klein hacken und über einem heißen Wasserbad schmelzen lassen. 20 g Zucker, 1 Prise Salz und Butter mit den Schneebesen der Küchenmaschine oder den Quirlen eines Handmixers in 6 Minuten sehr cremig rühren. Die Eigelbe einzeln jeweils ½ Minute unterrühren. Die zerlassene Kuvertüre unterrühren. 1 Prise Salz und Eiweiße steif schlagen. Danach den restlichen Zucker langsam unter Schlagen einrieseln lassen und 2 ½ Minuten weiterschlagen, bis ein cremig glänzender Eischnee entstanden ist. Den Eischnee auf die Kuvertüremischung geben, das Mehl darübersieben und beides vorsichtig unterheben. Die Masse auf einem mit Backpapier belegten Blech (40 x 30 cm) verstreichen. Im aufgeheizten Backofen bei 180 Grad (Gas 2–3, Umluft 160 Grad) auf der mittleren Schiene 16 Minuten backen. Mit dem Papier vom Blech ziehen und auf einem Kuchengitter auskühlen lassen.
Für die Creme die Gelatine in reichlich kaltem Wasser aufweichen. Kuvertüre klein hacken. Milch aufkochen.

Zucker und Eigelbe mit den Quirlen des Handmixers in einem Schlagkessel oder einer Metallschüssel cremig aufschlagen. Die heiße Milch portionsweise unter Rühren dazugießen. Die Schüssel über einem kochenden Wasserbad unter ständigem Rühren mit einem Teigspatel erwärmen, bis sie dicklich wird – aber nicht aufkochen. Die Masse vom Wasserbad nehmen, die gut ausgedrückte Gelatine darin auflösen. Kuvertüre hinzugeben, unter Rühren darin schmelzen lassen. Schüssel in Eiswasser stellen und die Masse abkühlen.

Sobald die Creme-Masse fest zu werden beginnt, die Sahne steif schlagen und unterheben. Die Creme 30 Minuten in den Kühlschrank stellen. Zum Tränken des Bodens Rum, 5 El Wasser und den Puderzucker vermischen. Teigplatte auf ein 2. Stück Backpapier stürzen. Das oberes Papier abziehen. Aus dem Teig dicht an dicht 24 Kreise (Ø 7 cm) ausstechen. Rum-Mischung mit einem Pinsel gleichmäßig auf den Kreisen auftragen. Mit je 1 Tl Konfitüre bestreichen. 8 Teigkreise in 8 Gläser (ca. Ø 7 cm und 8 cm Höhe) legen. 2/3 der Creme in einen Einwegspritzbeutel einfüllen, vom Beutel eine Spitze abschneiden. 1/3 der Creme auf die Konfitüre spritzen. Die restlichen Böden und die Creme in weiteren 2 Lagen darüberschichten. Gläser abgedeckt mindestens 5 Stunden, am besten über Nacht, in den Kühlschrank stellen.

Für die Schokoladenblätter die Kuvertüre klein hacken, 70 g über einem heißen Wasserbad vorsichtig schmelzen lassen. Vom Wasserbad nehmen, die restliche Kuvertüre unterrühren und darin auflösen, erneut über dem Wasserbad leicht erwärmen. Mit einem weichen Pinsel ca. 3 mm dünn auf die Unterseite der Rosenblätter streichen. Auf einem Stück Backpapier kühl stellen. Dann vorsichtig die Rosenblätter von den Schokoladenblättern abziehen. Die Gläser mit den Blättern verzieren und mit Kakao bestäubt kredenzen.

Schokomilchreis

Zutaten

Für 4 Portionen

- 500 ml Milch
- 100 g Milchreis
- 55 g Zartbitterschokolade
- 2 ½ El Zucker
- 1 Tl Lebkuchengewürz

Zeit

Arbeitszeit: 30 Min.

Nährwert

Pro Portion 250 kcal

Kohlenhydrate: 36 g

Eiweiß: 6 g

Fett: 8 g

Schwierigkeit

Zubereitung

500 ml Milch aufkochen. 100 g Milchreis und 1 Prise Salz zugeben. Bei milder Flamme zugedeckt unter gelegentlichem Rühren 22-27 Min. garen.

55 g Zartbitterschokolade klein hacken und in den fertigen Milchreis mischen. Mit 1-2 El Zucker und 1/2 Tl Lebkuchengewürz verfeinern und danach sofort auftischen.

Weisser Schokomilchreis mit Kompott

Zutaten

Für 6 Portionen

Milchreis

- 3 Kardamom-Kapseln
- 800 ml Milch
- Salz
- 250 g Milchreis
- 160 g weiße Kuvertüre
- 200 g Mascarpone

Kompott

- 6 Maracujas
- 6 Clementinen
- 60 g Agavendicksaft
- 2 Tl Speisestärke
- 100 g Physalis
- 35 g weiße Kuvertüre, zum Anrichten

Zeit

Arbeitszeit: 30 Min.

plus Quellzeit 35 Minuten

Nährwert

Pro Portion 626 kcal

Kohlenhydrate: 25 g

Eiweiß: 12 g / Fett: 29 g

Schwierigkeit

Zubereitung

Für den Milchreis Kardamom aufbrechen, die Samen rauslösen und im Mörser fein zerdrücken. Mit der Milch und 1 Prise Salz aufkochen. Den Milchreis hinzugeben, erneut kurz aufkochen und zugedeckt bei milder Hitze 30-35 Minuten ausquellen lassen, dabei mehrfach umrühren.

Kuvertüre klein hacken und über dem nicht zu heißen Wasserbad langsam schmelzen, dabei mit einem Spatel umrühren.

Für das Kompott die Maracujas halbieren, das Innere mit einem Löffel rauslösen, in einem Rührbecher mit dem Mixstab kurz anpürieren. Durch ein feines Sieb durchstreichen (das ergibt ca. 100 ml Maracujapüree), dabei einige der Kerne aufbewahren. 3 Clementinen so schälen, dass die weiße Haut vollständig entfernt wird. Clementinen halbieren, weiße Fäden entfernen und die Hälften in dünne Scheiben aufschneiden.

Aus den restlichen Clementinen den Saft herauspressen (es sollten 150 ml Saft sein). Den Saft zusammen mit Maracujapüree und Agavendicksaft aufkochen. Die Stärke in etwas kaltem Wasser glatt verrühren und in den kochenden Saft hineinrühren, erneut aufkochen. Physalis aus den Hülsen lösen und halbieren, mit einigen Maracujakakernen und den Clementinen vorsichtig unter die Maracujamischung unterheben.

Mascarpone mit dem Spatel unter die warme Kuvertüre mischen und glatt rühren. Diese Mischung unter den fertigen Milchreis rühren. Zum Anrichten die weiße Kuvertüre klein hacken. Den Milchreis mit der gehackten Kuvertüre bestreuen und zusammen mit dem Kompott auftischen.

Schoko-Pannacotta

Zutaten

Für 1 Einheit

- 2 Blätter weiße Gelatine
- 85 g Zartbitterschokolade (80 % Kakao)
- 150 ml Schlagsahne
- 80 ml Milch
- 2 El Orangenlikör
- 100 g Heidelbeeren
- 100 g rote Johannisbeeren
- 1 El Johannisbeerkonfitüre
- 4 El Orangensaft
- 3 El Kakaopulver

Zeit

Arbeitszeit: 30 Min.

Kühlzeit

Nährwert

Pro Einheit 562 kcal

Kohlenhydrate: 42 g

Eiweiß: 9 g

Fett: 37 g

Schwierigkeit

Zubereitung

Gelatine in kaltem Wasser aufweichen. Schokolade klein hacken. Milch und Sahne aufkochen. Schokolade hinzugeben, unter Rühren schmelzen lassen und den Topf wegstellen. Gelatine gut ausdrücken und in der Schoko-Milch auflösen. Mit 1 El Orangenlikör abschmecken. Im kalten Wasserbad abkühlen lassen. 2 Gläser (à ca. 150 ml Inhalt) mit kaltem Wasser ausspülen, Schoko-Milch hineinfüllen und mind. 3 Std. kühl stellen.

Johannisbeerkonfitüre mit Orangensaft und 1 El Orangenlikör vermischen. Johannisbeeren abwaschen und mithilfe einer Gabel von den Rispen streifen. Mit den Heidelbeeren zur Konfitüre geben und marinieren.

Auf jeweils 1 Teller einen Esslöffel legen. Teller leicht mit Kakao bestäuben, Löffel vorsichtig hochnehmen. Die Gläser kurz in sehr heißes Wasser eintauchen. Die Pannacotta an den Glasrändern mit einem spitzen Messer vorsichtig ablösen und auf die Teller stürzen. Mit den Früchten garnieren und servieren.

Schokoladen-Mousse

Zutaten

Für 6 Portionen

- 250 g Zartbitterschokolade
- 2 Eier (Größe M)
- 500 ml Schlagsahne
- 5 El gehackte Schokolade

Zeit

Arbeitszeit: 30 Min.

plus Kühlzeiten

Nährwert

Pro Portion 503 kcal

Kohlenhydrate: 24 g

Eiweiß: 8 g

Fett: 42 g

Schwierigkeit

Zubereitung

Schokolade mit einem Messer auf einem Brett klein hacken. Je kleiner sie gehackt wird, desto schneller schmilzt sie über dem Wasserbad.

Die Schokoladenstückchen in einer Schale über einem warmen Wasserbad schmelzen, dabei ab und zu mit dem Teigspatel umrühren, so schmelzen sie schneller.

Eier in einer Schüssel über einem kochenden Wasserbad mit einem Schneebesen 25–35 Sek. schaumig aufschlagen, dabei ständig umrühren, damit sie nicht stocken.

Eischaum vom Wasserbad heben und die flüssige Schokolade hineinrühren, bis eine glatte Masse entstanden ist. Auf Zimmertemperatur abkühlen lassen.

Schlagsahne halb steif schlagen und mit einem Teigspatel vorsichtig unter die Schokocreme unterheben, bis beides gerade gleichmäßig miteinander vermischt ist.

Fertige Schoko-Mousse am besten in eine breite flache Schale füllen, so können schöne Nocken abgestochen werden. Mousse abgedeckt mind. 4 Std. in den Kühlschrank stellen.

Die gut durchgekühlte Mousse aus dem Kühlschrank entnehmen, mit einem Esslöffel Nocken abstechen, auf einem Teller anrichten und mit gehackter Schokolade verzieren und servieren.

Schokomousse mit Minzgeschmack

Zutaten

Für 4 Portionen

- 160 g Schokolade mit Pfefferminzfüllung
- 100 g Zartbitterkuvertüre
- 4 El Schlagsahne
- 225 g Schlagsahne
- 4 Stiele Pfefferminze

Zeit

Arbeitszeit: 20 Min.

4 Stunden

Nährwert

Pro Portion 503 kcal

Kohlenhydrate: 30 g

Eiweiß: 7 g

Fett: 39 g

Schwierigkeit

Zubereitung

160 g Schokolade mit Pfefferminzfüllung und 100 g Zartbitterkuvertüre grob zerhacken und mit 4 El Schlagsahne über einem heißen Wasserbad schmelzen lassen. Schokolade abkühlen lassen.

225 ml kalte Schlagsahne steif schlagen und mit einem Schneebesen zügig unter die handwarme Schokolade unterheben. Mousse mind. 4 Std. zugedeckt in den Kühlschrank stellen.

Mousse in einen Spritzbeutel mit großer Sterntülle füllen, in 4 Schüsseln anrichten und bis zum Servieren kalt stellen. Mit je 1 Stiel Pfefferminze verzieren und auftragen.

Mohn-Mousse mit Birnen-Kompott

Zutaten

Für 6 Portionen

Mousse

- 2 Blätter Gelatine, weiß
- 175 g weiße Kuvertüre
- 50 g gemahlener Blaumohn
- 1 Ei (Größe M)
- 3 El brauner Rum
- 250 ml Schlagsahne

Glasur

- 15 g Kakaopulver
- 25 g Zucker
- 100 ml Schlagsahne
- 75 g Zartbitterkuvertüre

Birnenkompott

- 2 Birnen
- 2 El Zitronensaft
- 1 El Zucker

Zeit

Arbeitszeit: 85 Min.

plus Garzeit 15 Minuten

Nährwert

Pro Portion 558 kcal

Kohlenhydrate: 41 g

Eiweiß: 8 g / Fett: 38 g

Schwierigkeit

Zubereitung

Gelatine in kaltem Wasser aufweichen. Weiße Kuvertüre klein hacken und in einem heißen Wasserbad schmelzen. Den Mohn in einer Pfanne ohne Fett anrösten und abkühlen lassen. Ei und 1 El Wasser mit einem Schneebesen in einem runden Schlagkessel im heißen Wasserbad 1 Minute aufschlagen. Rum aufwärmen, Gelatine gut ausdrücken und darin auflösen. Eimasse mit Kuvertüre, Mohn und Gelatine gründlich vermischen, etwas abkühlen lassen. Sahne steif schlagen und unter die Mohnmasse heben. In 6 Förmchen (175 ml Inhalt) füllen, abdecken und 6 Stunden in den Kühlschrank stellen.

Kakao mit 50 ml Wasser, Sahne und Zucker aufkochen. Kuvertüre klein hacken und im heißen Wasserbad schmelzen. Mit der Kakaoflüssigkeit verrühren. Abkühlen lassen, bis die Glasur dickflüssig ist.

Birnen schälen, vierteln, entkernen und in feine Würfel schneiden. Mit Zucker, Zitronensaft und 50 ml Wasser vermischen. In einem Topf mit halb geöffnetem Deckel in ca. 15 Minuten bei mittlerer Flamme weich andünsten.

Mousseförmchen kurz in heißes Wasser tauchen und die Mousse auf Teller stürzen. Die Schokoglasur drüber träufeln und zusammen mit dem Birnenkompott kredenzen.

Preiselbeer-Traum

Zutaten

Für 2 Portionen

- 2 Schoko-Muffins (fertig gekauft)
- 3 El Rum
- 100 ml Schlagsahne
- 250 g Quark
- 1 Pk. Vanillinzucker
- 45 g Zartbitterschokolade
- 5 El Preiselbeerkompott

Zeit

Arbeitszeit: 17 Min.

Nährwert

Pro Portion 805 kcal

Kohlenhydrate: 77 g

Eiweiß: 24 g

Fett: 38 g

Schwierigkeit

Zubereitung

Schoko-Muffins jeweils dreimal waagerecht durchschneiden und mit Rum tränken.
Die Sahne steif schlagen. Vanillinzucker mit dem Quark verrühren. Sahne vorsichtig unterheben. Schokolade klein hacken.
Muffins, Preiselbeerkompott , Sahnequark und Zartbitterschokolade abwechselnd in Gläser schichten.

Schokoladen-Pudding

Zutaten

Für 4 Portionen

- 400 ml Milch
- 40 g Zucker
- 1 Vanilleschote
- 1 Pk. Schokoladen-Puddingpulver (zum Kochen)
- 6 El Schokoladenlikör (oder Orangensaft)
- 10 gefüllte Haselnuss-Schokoladenkugeln (z. B. Rocher)
- 200 ml Schlagsahne
- 3 Tl Kakaopulver

Zeit

Arbeitszeit: 20 Min.

Nährwert

Pro Portion 525 kcal

Kohlenhydrate: 47 g

Eiweiß: 8 g

Fett: 32 g

Schwierigkeit

Zubereitung

Mark der Vanilleschote, Milch und 40 g Zucker aufkochen. Schokoladen-Puddingpulver und Schokoladenlikör glatt verrühren. Zur kochenden Milch geben, erneut gut aufkochen. In eine Schüssel gießen, mit 10 g Zucker bestreuen und lauwarm abkühlen lassen.

8 gefüllte Haselnuss-Schokoladenkugeln grob würfeln. Schlagsahne steif schlagen, 6 El abnehmen und kalt stellen. Pudding mit einem Schneebesen gut umrühren. 1/3 der übrigen Sahne gut unterrühren, den Rest unterheben. Die gehackten Nusskugeln ebenfalls unterheben.

In 4 Gläser einfüllen und 1 Std. kühl stellen. Mit der übrigen Sahne, mit Kakaopulver bestäubt und 2 geviertelten Nusskugeln verziert kredenzen.

Weisse Schokowhoopies

Zutaten

Für 12 Einheiten

Füllung und Garnierung

- 200 g Heidelbeeren, TK
- 105 g weiße Kuvertüre
- 60 g zimmerwarme Butter
- 350 g zimmerwarmen Doppelrahmfrischkäse

Teig

- 105 g weiße Kuvertüre
- 185 g Mehl
- 1 Tl Weinsteinbackpulver
- 80 g Zucker
- 80 g Butter
- 1 Vanilleschote
- 1 Ei (Größe M)
- 100 ml Buttermilch

Zeit

Arbeitszeit: 40 Min.

plus Backzeit 35 Minuten plus Kühl- und Auftauzeiten

Nährwert

Pro Einheit 364 kcal

Kohlenhydrate: 28 g

Eiweiß: 7 g

Fett: 24 g

Schwierigkeit

Zubereitung

Für die Füllung die Heidelbeeren bei Zimmertemperatur in einem Sieb auftauen lassen. Für den Teig Kuvertüre klein hacken. Backpulver, Mehl und Zucker vermischen. Butter zerlassen. Vanilleschote der Länge nach einschneiden und das Mark rauskratzen. Vanillemark, Ei, Buttermilch und Butter verquirlen. Mehlmischung zur Buttermischung geben und unterrühren, bis die Zutaten gerade verbunden sind. Kuvertüre kurz unterrühren. 5 Minuten ruhen lassen.

Teig mit 2 Esslöffeln zu 24 Häufchen à Ø 3 cm auf 2 mit Backpapier belegte Backbleche setzen, dabei ca. 3-4 cm Abstand lassen. Nacheinander im vorgeheizten Backofen bei 175 Grad (Gas 2-3, Umluft 160 Grad) auf der 2. Schiene von unten 16-18 Minuten backen. Auf den Blechen abkühlen lassen.

Für die Füllung die Kuvertüre klein hacken, über dem nicht zu heißen Wasserbad schmelzen, dabei mehrmals mit dem Teigspatel umrühren. Butter mit den Quirlen des Handmixers cremig verrühren, 65 g Kuvertüre portionsweise unterrühren, Frischkäse mit dem Teigspatel hineinrühren. Abgetropfte aufgetaute Heidelbeeren locker unterheben, sodass die Creme marmoriert aussieht. Creme in einen Einwegspritzbeutel füllen, vom Beutel eine ca. 1 ½ cm große Spitze abschneiden. 12 Kekse auf der flachen Seite mit der Creme bespritzen, restliche Kekse daraufsetzen. Whoopies mit der restlichen Kuvertüre beträufeln und kredenezen.

Muffins

Double Chocolate Muffins

Zutaten

Für 12 Einheiten

- 200 g dunkle Schokolade (70 % Kakaoanteil)
- 120 g Butter
- 225 g Mehl
- 30 g Kakaopulver
- 4 Tl Weinsteinbackpulver
- ¼ Tl Salz
- 2 Eier (Größe M)
- 180 g Zucker
- 1 Pk. Vanillezucker
- 250 ml Buttermilch
- 12 Schoko-Bonbons mit Karamellkern
- 1 El Puderzucker
- Papierbackförmchen

Zeit

Arbeitszeit: 45 Min.

plus Kühlzeit

Nährwert

Pro Einheit 330 kcal

Kohlenhydrate: 44 g

Eiweiß: 6 g

Fett: 13 g

Schwierigkeit

Zubereitung

Schokolade klein hacken. 125 g von der Schokolade mit der Butter in einem Topf bei milder Hitze zerlassen, etwas abkühlen lassen. Ein Muffinblech (12 Mulden) mit Papierförmchen auslegen.

Mehl, Backpulver und Kakao in eine Schüssel sieben, mit Salz und der restlichen gehackten Schokolade vermischen.

Zucker, Vanillezucker und Eier mit den Quirlen des Handmixers 4 Min. cremig rühren. Butter-Schokoladen-Mischung nach und nach unter Rühren zugießen. Die Buttermilch unterrühren.

Die Mehlmischung zur Eier-Schoko-Mischung hinzugeben und alles mit einem Kochlöffel kurz umrühren, bis die Zutaten gerade so verbunden sind. Die Hälfte des Teigs in die Papierförmchen füllen, je 1 Schoko-Karamell-Bonbon in die Mitte setzen, den übrigen Teig auffüllen.

Im vorgeheizten Backofen bei 190 Grad (Umluft 175 Grad) auf der mittleren Schiene 24-26 Min. backen. Muffins kurz in der Form lassen, dann mit den Papierförmchen herausheben. Mit Puderzucker bestäuben und kredenzen.

Beim Backen Weinsteinbackpulver verwenden. Es enthält kein Phosphat, sondern treibt das Gebäck mit Weinsäure, einem natürlichen Nebenprodukt der Weinherstellung. Das ist gesünder und hinterlässt kein stumpfes Gefühl auf der Zunge. Und mittlerweile kann man es in jedem Supermarkt kaufen.

Schoko-Apfel-Muffins

Zutaten

Für 12 Portionen

- 1 Apfel (150 g)
- 60 g Walnusskerne
- 250 g Mehl
- 3 El Kakaopulver
- ½ Tl Natron
- 3 Tl Backpulver
- 125 g Zucker
- Salz
- 1 Ei (Größe M)
- 130 g flüssige Butter
- 250 ml Buttermilch
- 55 g Schokotropfen
- 100 g dunkle Schokoglasur

Zeit

Arbeitszeit: 55 Min.

Kühlzeit

Nährwert

Pro Portion 311 kcal

Kohlenhydrate: 33 g

Eiweiß: 4 g

Fett: 17 g

Schwierigkeit

Zubereitung

Apfel schälen, in Viertel schneiden, entkernen und klein würfeln. Walnusskerne grob zerhacken. Kakaopulver, Natron, Backpulver, Mehl, Zucker und 1 Prise Salz in einer Schüssel vermischen.

Butter, Buttermilch und Ei verrühren. Zu der Mehlmischung hinzugeben und mit einem Kochlöffel zu einer glatten Masse vermischen. Nüsse, Äpfel und Schokotropfen rasch unterziehen.

Den Teig mit zwei Löffel in die gefetteten Mulden eines Muffinblechs einfüllen. Im heißen Ofen bei 200 Grad (Umluft 175 Grad) auf dem Rost auf der mittleren Schiene 21-26 Min. backen. In der Form auf einem Kuchengitter abkühlen lassen.

Schokoglasur nach Packungsanweisung schmelzen. Muffins aus der Form nehmen und die Glasur mit einem Löffel streifig darauf verteilen.

Muffins- Kardamom

Zutaten

Für 8 Portionen

- 155 g Zartbitterschokolade
- 100 g Butter
- 200 ml Milch
- 2 Eier (Größe M)
- 100 g saurer Sahne
- 300 g Mehl
- 105 g Zucker
- 4 Tl Backpulver
- 2 ½ El Kakaopulver
- 2 ½ Tl löslichen Kaffeepulver
- 1 Prise Salz
- 2 Tl gemahlenen Kardamom
- Puderzucker

Zeit

Arbeitszeit: 60 Min.

(plus Kühlzeit)

Nährwert

Pro Portion 441 kcal

Kohlenhydrate: 51 g

Eiweiß: 8 g

Fett: 22 g

Schwierigkeit

Zubereitung

150 g Zartbitterschokolade klein zerhacken. Die Hälfte wegstellen, den Rest mit 100 g Butter in einem Topf bei milder Wärme schmelzen. 200 ml Milch mit 2 Eiern, 100 g Zucker und 100 g saurer Sahne verquirlen.

300 g Mehl mit Backpulver, 2 ½ El Kakaopulver, 2 ½ Tl löslichem Kaffeepulver, 1 Prise Salz und 2 Tl gemahlenem Kardamom vermischen. Schokobutter, Eiermilch und die restliche Schokolade mit einem Kochlöffel in die Mehlmischung rühren, bis ein gleichmäßiger Teig entsteht.

Den Teig in 8 gut gefettete Tassen (à 200 ml) einfüllen und im heißen Ofen bei 180 Grad (Umluft 160 Grad) auf der untersten Schiene 30-35 Min. backen. Erst 10 Min. in den Tassen, danach gestürzt abkühlen lassen. Mit ein wenig Puderzucker bestäuben.

Schokoladen-Muffins

Zutaten

Für 12 Stück

- 350 g Mehl
- 15 g Kakaopulver
- 1 ½ Tl Backpulver
- 1 Prise Salz
- 100 g Birnen (aus der Dose)
- 2 Eier (Größe M)
- 115 g Zucker
- 8 El Öl
- 200 ml Buttermilch
- 100 g Schokoladenplättchen

Zeit

Arbeitszeit: 45 Min.

Nährwert

Pro Portion 258 kcal

Kohlenhydrate: 38 g

Eiweiß: 5 g

Fett: 9 g

Schwierigkeit

Zubereitung

Mehl, Backpulver, Kakaopulver und 1 Prise Salz gut vermischen. Die Birnen würfeln. Zucker und Eier kurz mit den Quirlen des Handmixers vermischen. Öl und Buttermilch hineinrühren. Mehlmischung hinzugeben und nur kurz unterrühren, bis die Zutaten gerade so eben verbunden sind. Schokoladenplättchen und Birnen vorsichtig unterheben.

Ein Muffinblech (12 Mulden) mit Papierförmchen auslegen. Teig in die Förmchen einfüllen. Im vorgeheizten Ofen bei 180 Grad (Umluft 160 Grad) auf der 2. Schiene von unten 20-25 Min. backen. Auskühlen lassen.

Muffins mit Bananen

Zutaten

Für 12 Portionen

- 2 El Zitronensaft
- 3 El Honig
- 2 Bananen (à 150 g)
- 340 g Mehl
- 1 Prise Salz
- 2 ½ Tl Kakaopulver
- 1 Pk. Backpulver
- 2 Eier (Größe M)
- 75 g Zucker
- 125 ml Öl (z. B. Rapsöl)
- 3 El Milch
- 200 g Vollmilchjoghurt
- 100 g gehackte Haselnusskerne
- 100 g Schokoladentröpfchen
- 50 g Bananenchips

Zeit

Arbeitszeit: 45 Min.

Nährwert

Pro Portion 375 kcal

Kohlenhydrate: 41 g

Eiweiß: 6 g

Fett: 20 g

Schwierigkeit

Zubereitung

Honig und Zitronensaft miteinander vermischen. Bananen schälen, würfeln und hineinrühren. Mehl, Kakaopulver, Salz und Backpulver mischen.

Eier, Öl, Zucker, Milch und Vollmilchjoghurt mit den Quirlen des Handmixers verrühren. Die Mehlmischung kurz unterrühren, danach die Bananenwürfel, gehackte Haselnusskerne und Schokoladentröpfchen unterheben.

Ein Muffinblech mit Papierförmchen auslegen und den Teig hineinfüllen. Mit Bananenchips belegen. Im vorgeheizten Ofen bei 180 Grad (Umluft 160 Grad) auf der mittleren Schiene 20-25 Min. backen.

Kuchen, Torten und Co.

Der schnellste Schokokuchen der Welt

Zutaten

Für 8 Stücke

- 250 g weiche Butter
- 250 g feinster Zucker
- 3 Eier (Größe M)
- 150 g geriebene Mandeln
- 55 g Mehl
- 90 g Kakao
- 15 g Kakao,
- zum Bestäuben
- Außerdem
- Backpapier

Zeit

Arbeitszeit: 25 Min.

plus Backzeit 35 Minuten

Nährwert

Pro Stück 553 kcal

Kohlenhydrate: 39 g

Eiweiß: 10 g

Fett: 39 g

Schwierigkeit

Zubereitung

Zucker mit Butter in einer Küchenmaschine mit dem Schneebesen in 15 Minuten sehr cremig-dicklich aufschlagen. Die Eier nacheinander hinzugeben und unterrühren. Mehl, Mandeln und Kakao vermischen. Sorgfältig unter die Butter-Eier-Creme heben. Die Masse auf einem mit Backpapier ausgelegten Backblech (20 x 28 cm) ca. 2 cm dick verteilen und glatt verstreichen.

Im aufgeheizten Backofen bei 175 Grad (Gas 2, Umluft wird nicht empfohlen) auf der untersten Schiene 33-38 Minuten backen. Aus dem Ofen entnehmen und in der Form auskühlen lassen. In 8 Stücke schneiden, mit Kakao bestäuben und mit leicht geschlagener Sahne servieren.

Schokoladen-Baiser-Torte mit Maracujacreme

Zutaten

Für 12 Stücke

Böden

- 100 g dunkle Kuvertüre (55% Kakao)
- 100 ml Milch
- 25 g Kakaopulver
- 125 g weiche Butter
- 275 g Zucker
- 1 Tl fein abgeriebene Orangenschale
- Salz
- 4 Eier (Größe M)
- 150 g Mehl
- 2 Tl Weinsteinbackpulver
- 1 Msp. Zimtpulver

Creme

- 8 Maracujas
- 200 ml Orangensaft (frisch gepresst)
- 1 Tl fein abgeriebene Orangenschale
- 90 g Zucker
- 2 El Zitronensaft
- 1 Pk. Vanille-Puddingpulver
- 250 ml Schlagsahne

Vanillesahne

- 150 ml Schlagsahne
- 1 Pk. Vanillezucker

Außerdem

- 1 Tl Kakaopulver

Zeit

Arbeitszeit: 90 Min.

plus Kühlzeit mindestens 2 Stunden

Nährwert

Pro Stück 456 kcal

Kohlenhydrate: 55 g

Eiweiß: 6 g

Fett: 22 g

Schwierigkeit

Zubereitung

Für die Böden Kuvertüre klein hacken. Kakao und Milch unter Rühren aufkochen, in einer Schale auskühlen lassen. 2 Springformen (Ø à 24 cm) am Boden mit Backpapier auslegen. Butter, Orangenschale, 80 g Zucker und 1 Prise Salz mit dem Schneebesen der Küchenmaschine (oder den Quirlen des Handmixers) 6 Minuten cremig rühren. Die Eier trennen. Die Eigelbe nacheinander je 30 Sekunden sorgfältig hineinrühren. Backpulver und Mehl vermischen, abwechselnd mit der abgekühlten Kakaomilch verrühren.

Teig halbieren, je 1 Hälfte auf den Boden einer Springform streichen. Gleichmäßig mit der Kuvertüre bestreuen. 1 Prise Salz und Eiweiß steif schlagen, 200 g Zucker einrieseln lassen, 3 Minuten zu einem festen Eischnee schlagen. Zimt hineinrühren. Die Masse gleichmäßig auf dem Teig verstreichen, mit dem Löffelrücken dabei leichte Wellen reindrücken. Baiser nacheinander im vorgeheizten Backofen bei 190 Grad (Gas 2-3, Umluft 175 Grad) auf der untersten Schiene 23-25 Minuten backen (eventuell nach 15 Minuten abdecken, damit der Baiser nicht zu dunkel wird). In den Formen auf Kuchengitter auskühlen lassen.

Für die Creme Maracujas in zwei Hälften schneiden, das Innere mit dem Löffel herauslösen. Im Rührbecher mit dem Mixstab kurz pürieren und durch ein Sieb streichen. 125 ml Maracujapüree mit 150 ml Orangensaft, -schale, Zitronensaft und Zucker aufkochen. Puddingpulver im restlichen Orangensaft glatt verrühren und unter Rühren in die kochende Saftmischung hineingeben, erneut ca. 30 Sekunden unter Rühren sprudelnd aufkochen. In eine Schale umfüllen, direkt auf der Oberfläche mit Klarsichtfolie abdecken. Lauwarm abkühlen lassen.

1 Baiser-Boden vorsichtig am Rand und vom Papier ablösen, auf eine Tortenplatte setzen, einen verstellbaren Tortenring (oder den Springformrand) drumsetzen.

Für die Creme Sahne steif schlagen. 1/3 der Sahne mit dem Schneebesen in die Maracujacreme hineinrühren, die restliche Sahne mit dem Spatel vorsichtig unterheben. Creme auf den Boden in dem Ring streichen. Mindestens 3 Stunden (oder über Nacht) kühl stellen. 2. Boden in der Form gut abdecken.

Für die Vanillesahne Vanillezucker und Sahne steif schlagen. Tortenring ablösen und die Sahne auf die Creme streichen. Den 2. Baiserboden aus der Form und vom Papier lösen, in 12 Tortenstücke teilen und auf die Sahne draufsetzen. Torte mit Kakao bestäuben und kredenzen.

Schoko-Pecannuss-Torte

Zutaten

Für 16 Stücke

Teig

- 100 g dunkle Kuvertüre (ca. 55 % Kakao)
- 3 Tl Weinsteinbackpulver
- 1 Tl Natron
- 275 g Mehl
- Salz
- 2 El Kakaopulver
- 250 g weiche Butter
- 200 g dunkler Muscovado-Zucker (im Internet erhältlich; ersatzweise heller Muscovado-Zucker)
- 1 Pk. Vanillezucker
- 3 Eier (Größe M)
- 125 ml Buttermilch

Füllung und Guss

- 150 g Pecannusskerne (ersatzweise Walnusskerne)
- 9 El Ahornsirup
- 3 Tl Butter
- 400 g dunkle Kuvertüre (ca. 55 % Kakao)
- 350 ml Schlagsahne

Zeit

Arbeitszeit: 75 Min.

plus Backzeit 1 Stunde plus Kühlzeiten mindestens 2:30 Stunden

Nährwert

Pro Stück 563 kcal

Kohlenhydrate: 45 g

Eiweiß: 7 g

Fett: 39 g

Schwierigkeit

Zubereitung

Für den Teig Kuvertüre klein hacken, über dem heißen Wasserbad schmelzen lassen und etwas abkühlen lassen. Backpulver, Natron, Mehl und ¼ Tl Salz mischen. 250 ml Wasser aufkochen und mit dem Kakao verrühren. Butter, Muscovado- und Vanillezucker mit dem Schneebesen der Küchenmaschine (oder den Quirlen des Handmixers) in 9-11 Minuten sehr cremig rühren. Eier nacheinander je 30 Sekunden gut unterrühren (falls die Masse zu gerinnen beginnt, 4-5 El der Mehlmischung unterrühren!). Flüssige Kuvertüre hineinrühren. Dann abwechselnd Buttermilch und Mehlmischung hineinrühren. Zum Schluss den heißen Kakao langsam unter Rühren hineingießen.

Den Teig in einer mit Backpapier ausgelegten Springform (Ø 24 cm) verstreichen. Im aufgeheizten Backofen bei 175 Grad (Gas 2, Umluft 150 Grad) auf der 2. Schiene von unten 1 Stunde backen. In der Form auf einem Kuchengitter auskühlen lassen.

Für die Füllung die Pecannüsse auf einem Blech im aufgeheizten Backofen bei 180 Grad (Gas 2-3, Umluft 160 Grad) 9 Minuten rösten. 7 El Ahornsirup in einer Pfanne aufkochen, Butter und die geröstete Pecannüsse hinzugeben, Nüsse bei mittlerer Wärme im Ahornsirup 2-3 Minuten karamellisieren. Auf Backpapier legen und abkühlen lassen. Kuvertüre klein hacken und über dem heißen Wasserbad schmelzen. Sahne aufkochen, über die Kuvertüre gießen und gut umrühren. Für den Guss 250 g der Mischung bei Zimmertemperatur wegstellen. 2/3 der karamellisierten Pecannüsse klein hacken, mit dem restlichem Ahornsirup in die Kuvertüremischung hineinrühren. Abgedeckt 1 Stunde kühl stellen.

Abgekühlten Teig aus der Form lösen. Mit einem Sägemesser waagerecht in zwei gleich dicke Böden aufschneiden. Auf dem unteren Boden die Nusskuvertüre verstreichen. Den zweiten Boden drauflegen. Kuvertüremischung für den Guss leicht erwärmen und auf dem Kuchen verteilen. 30 Minuten kühl stellen. Dann mit den restlichen karamellisierten Pecannüssen bestreuen und auftragen.

Das Natron im Teig sorgt dafür, dass er zwar schön aufgeht, aber nicht zu fluffig wird und schokoladig-kompakt bleibt.

Schoko-Erdbeer-Törtchen

Zutaten

Für 4 Stücke

- 300 g Schoko-Doppelkekse mit Vanillecreme
- 55 g Butter
- 55 g Zucker
- 2 Eiweiß
- 125 g Lemon Curd
- 200 g Erdbeeren
- 1 Tl Puderzucker
- 1 Tl Zitronensaft
- 30 g Kuvertüre
- Außerdem: 4 Tartlette-Formen mit herausnehmbarem Boden (Ø 12 cm), Thermometer, Kuchenretter

Zeit

Arbeitszeit: 40 Min.

plus Kühlzeit 1 Stunde

Nährwert

Pro Stück 716 kcal

Kohlenhydrate: 95 g

Eiweiß: 7 g

Fett: 32 g

Schwierigkeit

Zubereitung

Kekse am besten in der Küchenmaschine klein zerbröseln. Butter in einem Topf zerlassen. Die Brösel mit der Butter vermischen und auf den Böden von 4 Tartelette-Formen verteilen. Die Keksmischung mit einem Glas fest andrücken, dabei soll ein Rand entstehen. Tartelette-Böden ca. 1 Stunde in den Kühlschrank stellen.

Inzwischen Zucker mit 20 ml Wasser in einem kleinen Topf auf 120 Grad erhitzen (Thermometer benutzen!). Eiweiße steif schlagen. Flüssigen Zucker unter ständigem Rühren mit den Quirlen des Handmixers langsam in die Eischnee-Masse hineinrühren. Den Eischnee so lange weiterschlagen, bis die Masse auf Zimmertemperatur abgekühlt ist (dauert ca. 12 Minuten, siehe Tipp).

Tartelette-Formen z. B. auf eine kleinere umgedrehte Tasse aufsetzen, Formboden mitsamt Keksboden vorsichtig ablösen und abnehmen. Die Keksböden am besten mithilfe eines Kuchenretters vorsichtig vom Boden ablösen und auf 4 Teller legen. Lemon Curd auf den Keksböden verteilen, die Eischnee-Masse darauf verstreichen. Erdbeeren abwaschen, abtrocknen, putzen, in Stückchen schneiden. Den Puderzucker mit Zitronensaft verrühren, die Erdbeeren damit beträufeln und ca. 6 Minuten ziehen lassen.

Kuvertüre klein hacken. Die Erdbeeren auf dem Eischnee verteilen, die Zitronen-Puderzucker-Lösung darauf träufeln und mit der gehackten Kuvertüre bestreuen. Sofort auftischen.

Schokoladenkuchen "Décadence“

Zutaten

Für 8 Portionen

Kuchen:

- 255 g Zartbitterkuvertüre
- 75 g Butter
- 1 Ei (Größe M)
- 15 g Zucker
- 2 El Himbeergeist
- 1 Tl Mehl

Sauce

- 300 g Himbeeren, TK
- 2 El Zucker
- 4 El Himbeergeist

Glasur

- 75 g Zartbitterkuvertüre
- 55 g dunkle Kuchenglasur
- 35 g weiße Kuvertüre

Außerdem

- Backpapier
- Spritzbeutel

Zeit

Arbeitszeit: 45 Min.

plus Kühlzeiten am besten über Nacht

Nährwert

Pro Portion 413 kcal

Kohlenhydrate: 35 g

Eiweiß: 4 g

Fett: 27 g

Schwierigkeit

Zubereitung

Für den Kuchen die Kuvertüre klein hacken und mit der Butter über einem heißen Wasserbad schmelzen lassen. Zucker und Ei in einer kleinen Schale mit den Quirlen eines Handmixers cremig-dicklich aufschlagen. Himbeergeist, Eimasse und Mehl locker unter die geschmolzene Kuvertüre unterheben. Boden einer Tarteform (Ø 18 cm) mit Backpapier auslegen und die Kuchenmasse hineinfüllen. Die Form ein paar Mal auf die Arbeitsfläche aufschlagen, damit Luftblasen aus der Masse entweichen können. Im aufgeheizten Backofen bei 175 Grad (Gas 2-3, Umluft 150 Grad) 7 Minuten backen. In der Form auf einem Kuchengitter abkühlen lassen. Über Nacht kühl stellen.

Für die Sauce Zucker mit den Himbeeren und Himbeergeist vermischen und auftauen lassen. Die Beeren mit einem Mixstab fein pürieren und durch ein feines Sieb streichen. Die Sauce bis zum Servieren kühl stellen.

Kuchen mit einem kleinen Messer vom Rand der Form ablösen. Die Form kurz in heißes Wasser eintauchen und aus der Form auf ein Kuchengitter stürzen. Backpapier abziehen und Kuchen kühl stellen.

Zartbitterkuvertüre klein hacken und mit der Kuchenglasur über einem heißen Wasserbad schmelzen. Die weiße Kuvertüre fein hacken und über einem warmen Wasserbad schmelzen. Kuchen mit dem Gitter auf Backpapier stellen. Den Kuchen mit dem dunklen Guss rundherum bepinseln. Weiße Kuvertüre in einen kleinen Spritzbeutel füllen und den Kuchen damit verzieren. Anschließend auf eine Platte legen und bis zum Servieren kühl stellen.

Ein großes Messer in heißes Wasser eintauchen, die Klinge abtrocknen und den Kuchen in 8 Stücke aufschneiden. Mit der Himbeersauce, am besten eiskalt, kredenzen.

Marmorkuchen

Zutaten

Für 12 Stücke

- 200 g weiche Butter oder Margarine
- 200 g Zucker
- 1 El Zucker
- Prise Salz
- 4 Eier (Größe M)
- 300 g Mehl
- 2 Tl Backpulver
- 150 ml Milch
- 30 g Kakaopulver
- 190 g dunkle Kuchenglasur

Zeit

Arbeitszeit: 3 Min.

plus Back- und Kühlzeit

Nährwert

Pro Stück 425 kcal

Kohlenhydrate: 45 g

Eiweiß: 6 g

Fett: 24 g

Schwierigkeit

Zubereitung

200 g Zucker, Butter und 1 Prise Salz mit den Quirlen des Handmixers mind. 6 Min. schaumig aufschlagen. Eier einzeln hinzugeben und jeweils 30 Sekunden unterrühren. Backpulver und Mehl vermischen und abwechselnd mit 100 ml Milch zügig unterrühren.

1⁄3 des Teigs abnehmen. 1 EL Zucker und Kakaopulver vermischen und zusammen mit 50 ml Milch in den restlichen Teig einrühren.

Gut die Hälfte des dunklen Teigs in eine gefettete Kastenform (1 l Inhalt, 30 cm) einfüllen. Den hellen Teig darübergießen und zuletzt den restlichen dunklen Teig einfüllen. Eine Gabel spiralförmig durch den Teig ziehen, sodass ein Marmormuster entsteht.

Im vorgeheizten Backofen bei 175 Grad (Umluft 160 Grad) auf dem Rost im unteren Drittel 55–65 Min. backen. Aus dem Backofen entnehmen und 10 Min. in der Form lassen, danach auf ein Kuchengitter stürzen und abkühlen lassen. Die Kuchenglasur nach Packungsanweisung schmelzen lassen und auf dem Marmorkuchen verstreichen.

Olivenöl-Schokoladen-Törtchen

Zutaten

Für 6 Portionen

- 105 ml Olivenöl
- 5 El Zucker
- 150 g Zartbitterschokolade (mind. 70 %)
- 3 Eier (Größe M)
- 85 g Puderzucker
- 55 g Mehl
- 300 g Physalis
- 200 ml Orangensaft
- 1 Tl Speisestärke

Zeit

Arbeitszeit: 35 Min.

Nährwert

Pro Portion 478 kcal

Kohlenhydrate: 55 g

Eiweiß: 8 g

Fett: 24 g

Schwierigkeit

Zubereitung

6 Förmchen (à 150 ml Inhalt) sorgfältig mit 20 ml Olivenöl einpinseln und mit 2 El Zucker ganz dünn ausstreuen. Die Schokolade klein hacken und in einer Schüssel über einem heißen Wasserbad flüssig werden lassen. Schokolade etwas abkühlen lassen.

Das restliche Olivenöl in eine Schüssel füllen. Die Eier einzeln zugeben und jeweils 30 Sekunden mit den Quirlen eines Handmixers unterrühren. Erst den Puderzucker, danach das Mehl und anschließend die Schokolade unterrühren.

Teig in die Förmchen füllen und im vorgeheizten Backofen bei 175 Grad (Gas 2-3, Umluft 150 Grad) auf dem Rost auf der mittleren Schiene 11-13 Minuten backen: Es soll sich außen eine dünne Kruste bilden, damit die Küchlein sich stürzen lassen, der Kern aber flüssig bleibt.

Inzwischen die Physalis entblättern und halbieren. Den restlichen Zucker in einem Topf hellbraun karamellisieren und mit Orangensaft ablöschen. Die Physalis hinzugeben und 3-3 ½ Minuten kochen lassen. Die Speisestärke mit 2-3 El kaltem Wasser verrühren und die Physalis damit binden.

Törtchen sofort stürzen und mit dem Physaliskompott kredenzen.

Nougat-Schokoladen-Zupfbrot

Zutaten

Für 10 Stücke

Hefeteig

- 300 ml Milch
- 30 g frische Hefe
- 2 Tl Zucker
- 500 g Mehl
- 1 ½ Tl Salz
- 85 g Butter

Füllung

- 60 g Haselnusskerne
- 170 g Zartbitterschokolade
- 150 g kaltes Haselnuss-Nougat
- 125 g kalte Butter
- 1 Tl Öl

Zeit

Arbeitszeit: 120 Min.

Nährwert

Pro Stück 542 kcal

Kohlenhydrate: 56 g

Eiweiß: 9 g

Fett: 29 g

Schwierigkeit

Zubereitung

Für den Hefeteig die Milch lauwarm erwärmen. Die Hefe zerbröseln und zusammen mit dem Zucker in die Milch einrühren.

Salz und Mehl vermischen, Butter und Hefemilch hinzugeben. Mit dem Knethaken der Küchenmaschine oder mit den Knethaken des Handmixers zu einem glatten Teig verarbeiten. Abgedeckt an einem warmen Ort 30-35 Minuten aufgehen lassen.

Für die Füllung Backofen auf 200 Grad (Gas 3; Umluft 175 Grad) aufheizen. Haselnusskerne grob zerhacken, auf einem Backblech verteilen und im heißen Ofen auf der 2. Schiene von unten 11-16 Minuten goldbraun rösten. Herausnehmen und abkühlen lassen.

Inzwischen eine Kastenkuchenform (Ø 30 cm) sorgfältig mit der weichen Butter einpinseln und kühl stellen. Schokolade grob zerhacken. Butter und Nougat klein würfeln und wieder kühl stellen.

Den Teig auf einer bemehlten Arbeitsfläche 45x35 cm groß ausrollen. Die Butter – und Nougatwürfel darauf verteilen. 100 g Schokolade in die Zwischenräume streuen. Den Teig quer in sechs etwa gleich dicke Streifen zerschneiden. Die Teigstreifen vorsichtig aufeinanderlegen und in vier gleich dicke Stücke zerschneiden. Die Stücke hochkant nacheinander in die Kastenform setzen. Dabei das letzte Stück mit der unbestreuten Teigseite zur Formwand einlegen, sodass die Füllung nicht an der Form klebt. 35 Minuten an einem warmen Ort aufgehen lassen. Die Temperatur des Backofens auf 180 Grad (Gas 2-3; Umluft 160 Grad) reduzieren.

Im heißen Ofen auf einem Rost auf der 2. Schiene von unten 30-35 Minuten backen. Nach 15-20 Minuten locker mit 1 Stück Backpapier bedecken. Das Brot 15 Minuten in der Form abkühlen lassen, danach vorsichtig aus der Form entnehmen.

Die restliche Schokolade und Öl in eine Metallschüssel geben und über einem heißen Wasserbad schmelzen. Das Brot auf eine Platte legen und mit der Schokolade besprenklen. Mit den Haselnüssen bestreuen und am besten lauwarm servieren.

Anstelle von Haselnuss-Nougat lässt sich Nougat-Schokolade verwenden.

Anstatt Zartbitterschokolade eignet sich dunkle Schokolade mit ganzen Haselnüssen oder Mandeln.

Erdbeer-Schoko-Vanille-Torte

Zutaten

Für 14 Stücke

Boden

- 150 g Butter
- 150 g Zartbitterkuvertüre
- 150 g feiner Rohrohrzucker
- Salz
- 4 Eier
- 55 g Mehl
- 55 g Kakaopulver
- 1 Tl Weinsteinbackpulver

Mousse

- 100 g Zucker
- 1 Vanilleschote
- 150 ml Rotwein
- 300 g Erdbeeren, TK
- 4 Blätter weiße Gelatine
- 2 Blätter rote Gelatine
- 1 Tl fein abgeriebene Zitronenschale
- 2 ½ El Zitronensaft
- 300 ml Schlagsahne

Sahne und Garnierung

- 100 g Erdbeeren, TK
- 2 El Zitronensaft
- 2 El Puderzucker
- 200 ml Schlagsahne

Zeit

Arbeitszeit: 80 Min.

plus Kühlzeit mindestens 5 Stunden

Nährwert

Pro Stück 408 kcal

Kohlenhydrate: 40 g

Eiweiß: 6 g

Fett: 23 g

Schwierigkeit

Zubereitung

Für den Boden Kuvertüre klein hacken und über dem heißen Wasserbad schmelzen, 12 Minuten abkühlen lassen. Eine Springform (Ø 24 cm) einfetten und mit Mehl ausstäuben, das überschüssiges Mehl abklopfen. Zucker, Butter und 1 Prise Salz mit dem Schneebesen der Küchenmaschine (oder den Quirlen des Handmixers) mindestens 6 Minuten cremig verrühren. Eier einzeln je 30 Sekunden gut reinrühren. Kuvertüre kurz unterrühren. Mehl, Backpulver und Kakao vermischen und kurz unterrühren. Teig in die Form umfüllen und glatt verstreichen. Im aufgeheizten Backofen bei 175 Grad (Gas 2, Umluft 150 Grad) auf der untersten Schiene 30-35 Minuten backen. Den Boden aus dem Backofen entnehmen und in der Form auf einem Kuchengitter auskühlen lassen.

Inzwischen für die Mousse Zucker in einem Topf goldbraun karamellisieren lassen, dabei erst rühren, wenn der Zucker an einer Stelle zu schmelzen beginnt. Vanilleschote der Länge nach einschneiden und das Mark herauskratzen, für die Sahne, zurückstellen. Rotwein und Vanilleschote zum Karamell hinzugeben, aufkochen und offen 6 Minuten leicht dicklich reduzieren lassen. Die Erdbeeren hinzugeben und bei milder Flammee erwärmen, bis die Erdbeeren aufgetaut sind. Vanilleschote entnehmen. Rote und weiße Gelatine zusammen in reichlich kaltem Wasser aufweichen. Rotwein-Erdbeer-Mischung mit Zitronenschale und -saft pürieren. Gelatine ausdrücken und darin auflösen. Masse kühl stellen, bis sie fest wird, dabei ab und zu umrühren (dauert gut 1 Stunde).

Den Boden am Formrand und aus der Form lösen, auf eine Platte legen und einen verstellbaren Tortenring darumsetzen. Sobald die Erdbeermasse fest zu werden beginnt, Sahne steif schlagen. 1/3 der Sahne unter die Erdbeermasse rühren, die restliche Sahne mit einem Spatel unterheben. Das Mousse auf den Boden verteilen und mindestens 5 Stunden (am besten über Nacht) kühl stellen.

Für die Garnierung Erdbeeren auftauen lassen und mit Puderzucker und Zitronensaft fein pürieren. In einen Einwegspritzbeutel füllen und vom Beutel eine kleine Spitze wegschneiden. Für die Vanillesahne Sahne mit dem Vanillemark (von der Mousse) steif schlagen. Torte aus dem Tortenring lösen und die Vanillesahne auf die Erdbeer-Mousse streichen. Die Sahne mit dem Erdbeerpüree verzieren und anschließend kredenzen.

Kalter Hund

Zutaten

Für 20 Scheiben

- 200 g festes Kokosfett (z.B. Palmin)
- 200 g Vollmilchkuvertüre
- 3 Eier (Größe M)
- 160 g Puderzucker
- 1 Pk. Vanillezucker
- Salz
- 100 g Kakaopulver
- 5 El Milch
- 225 g Butterkekse
- 55 g weiße Kuvertüre

Zeit

Arbeitszeit: 50 Min.

plus Kühlzeit

Nährwert

Pro Scheibe 260 kcal

Kohlenhydrate: 23 g

Eiweiß: 4 g

Fett: 17 g

Schwierigkeit

Zubereitung

Vollmilchkuvertüre klein hacken, Kokosfett in Stückchen brechen. Beides zusammen in einem Topf bei milder Flamme zerlassen, danach leicht abkühlen lassen.

Puderzucker, Vanillezucker, Eier und 1 Prise Salz mit den Quirlen des Handmixers 6 Min. sehr cremig verrühren. Milch und Kakaopulver auf langsamer Stufe mit den Quirlen hineinrühren.

Danach portionsweise die Kuvertüre-Kokosfett-Mischung einrühren. 1 Kastenform (25 cm Länge) mit Backpapier auslegen. Die Seiten und den Boden mit etwas von der Schokoladenmasse einstreichen. Schokoladenmasse und Butterkekse in ca. 7 Lagen in die Form einschichten, dabei die Kekse dicht an dicht legen, evtl. in passende Stücke schneiden. Das Schichten mit einer Schicht Schokolade beenden. Kuchen über Nacht kühl stellen.

Die weiße Kuvertüre klein hacken und über einem heißen Wasserbad zerlassen. Kuchen aus der Form stürzen und das Papier vorsichtig ablösen. Die weiße Kuvertüre dekorativ über den Kuchen träufeln.

Schoko-Törtchen

Zutaten

Für 4 Portionen

Teig

- 125 g gesiebtes Mehl
- 60 g Butter
- 60 g Puderzucker
- Salz
- 1 Ei (Kl. S)
- 3 El Kakaopulver
- Fett und Mehl für die Formen

Füllung

- 75 ml Milch
- 300 ml Schlagsahne
- 2 Eigelb (Größe M)
- 1 El Kakaopulver
- 30 g Puderzucker

Außerdem

- Klarsichtfolie
- Backpapier
- Hülsenfrucht

Zeit

Arbeitszeit: 30 Min.

plus Backzeit 1 ½ Stunden plus Kühlzeit

Nährwert

Pro Portion 607 kcal

Kohlenhydrate: 46 g

Eiweiß: 10 g

Fett: 42 g

Schwierigkeit

Zubereitung

Butter, Mehl, Puderzucker, 1 Prise Salz, Ei, 1 El Wasser und Kakaopulver zügig zu einem geschmeidigen Teig verarbeiten. In Klarsichtfolie einwickeln und 1 Stunde in den Kühlschrank stellen. 4 Förmchen (Ø 10 cm) leicht einfetten und sorgfältig mit Mehl einstäuben. Teig auf einer bemehlten Arbeitsfläche 3 mm dünn ausrollen und 4 Kreise (à Ø 12 cm) ausstechen. Vorsicht: Der Teig darf keinen Riss oder Löcher haben, sonst läuft die Füllung aus! Förmchen mit den Teigkreisen auslegen, den Rand festdrücken und 30 Minuten kühl stellen. Teig mit Backpapier auslegen, Hülsenfrüchte daraufgeben. Im vorgeheizten Backofen bei 180 Grad (Gas 2-3, Umluft 160 Grad) auf der 2. Schiene von unten 16-21 Minuten vorbacken. Papier und Hülsenfrüchte entfernen und die Törtchen weitere 9-11 Minuten backen.

Inzwischen für die Füllung 150ml Sahne, Milch, Eigelbe und Kakaopulver in einem schmalen, hohen Gefäß mit einem Mixstab ganz kurz durchmixen, damit etwas Schaum entsteht.

Die Förmchen aus dem Ofen entnehmen, Hitze auf 140 Grad (Gas 1, Umluft 125 Grad) herunterschalten. Eiersahne bis kurz unter den Teigrand in die heißen Törtchen einfüllen. Bei 140 Grad auf der mittleren Schiene 55-60 Minuten garen, bis die Flüssigkeit stockt. Törtchen aus dem Ofen entnehmen, kalt werden lassen und aus der Form nehmen. Die restliche Sahne aufschlagen. Törtchen mit Beerengrütze (siehe nächstes Rezept: Himbeergrütze) und Sahne auftischen.

Himbeergrütze

Zutaten

Für 4 Portionen

- 250 g Himbeeren (ersatzweise 250g TK-Himbeeren)
- 3 EL Zucker
- 1 Packung Gelin
- 1/4 l Kirschnektar
- Saft von 1/2 Zitrone
- 100 g Schlagsahne
- Schokoladenraspel

Nährwert

4 Personen ca. :

200 kcal

840 kJ

2g Eiweiß

9g Fett

25g Kohlenhydrate

Zeit

15 Minuten

Schwierigkeit

Zubereitung

Himbeeren verlesen, abwaschen und abtropfen lassen, mit 2 Esslöffel Zucker vermischen und etwas ziehen lassen. Gelin, Zitronen- und Kirschsaft mit dem restlichen Zucker gut vermischen. Die Himbeeren unterheben und in Schälchen umfüllen. Himbeergrütze kühl stellen. Sahne steif schlagen, in einen Spritzbeutel mit Sterntülle einfüllen und je einen Tuff auf die Grütze spritzen. Mit Schokoladenraspeln bestreuen und auftragen.

Schoko-Tarte

Zutaten

Für 14 Stücke

Mürbeteig

- 130 g Butter oder Magarine (zimmerwarm)
- 85 g Puderzucker
- Salz
- 1 Ei (Größe M)
- 250 g Mehl

Belag

- 100 g Zartbitterschokolade (mind. 60 % Kakao)
- 100 g Butter
- 40 g Kakaopulver
- 3 Eier (Größe M)
- 80 g Zucker
- Salz
- 1 Tl Orangenschale, unbehandelt
- 80 g Schmand
- 2 El Mandellikör
- 120 ml Schlagsahne
- 35 g Nougatschokolade

Zeit

Arbeitszeit: 60 Min.

Nährwert

Pro Portion 350 kcal

Kohlenhydrate: 30 g

Eiweiß: 6 g / Fett: 23 g

Schwierigkeit

Zubereitung

Für den Mürbeteig Butter/Margarine, Puderzucker und 1 Prise Salz mit den Knethaken des Handmixers vermischen, das Ei kurz unterrühren. Mehl dazusieben und kurz unterkneten. Den Teig mit bemehlten Händen zu einer Kugel formen und in Folie gewickelt mindestens 3 Std. in den Kühlschrank stellen.

Auf einer bemehlten Fläche den Teig rund ausrollen (ca. Ø 28 cm). Mit Hilfe des Nudelholzes den Teig aufrollen, dann vorsichtig über einer gefetteten Tarteform (Ø 24 cm) in die Form gleiten lassen. Die überstehenden Teigränder entfernen, indem man mit dem Nudelholz über die Kante der Tarteform rollt. Danach den Teigrand gut andrücken.

Mit einer Gabel den Boden mehrfach einstechen. Backpapier über den Teig legen. Dann Form randhoch mit getrockneten Hülsenfrüchten auffüllen. Im vorgeheizten Backofen bei 180 Grad (Umluft 160 Grad) auf der 2. Schiene von unten 18 Min. vorbacken.

Für den Belag Schokolade klein hacken, Butter in Stücke schneiden. Beides in einer Metallschüssel über einem warmen Wasserbad schmelzen. Kakao gut unterrühren. Zucker, Eier, 1 Prise Salz und Orangenschale mit den Quirlen des Handmixers 8 Min. dickcremig aufschlagen. Likör und Schman kurz untermischen, danach die Schoko-Buttermasse hineinrühren.

Masse auf den vorgebackenen Boden verstreichen. Im vorgeheizten Ofen bei 160 Grad (Umluft 150 Grad) auf der 2. Schiene von unten 25-30 Min. backen. In der Form abkühlen lassen. Sahne steif schlagen, kuppelförmig auf die Tarte schichten. Mit einem Sparschäler die Schokolade in Locken darüber hobeln.

Schoko-Brot

Zutaten

Für 14 Portionen

- 500 g Mehl (Type 550)
- 1 Pk. Trockenhefe (für 500 g Mehl)
- 45 g Zucker
- ½ Tl Salz
- 1 Ei (Größe M)
- 250 ml Milch
- 50 g weiche Butter
- 200 g Nuss-Nougat
- 1 El Butter
- 50 g zartbittere Raspel-Schokolade
- Mehl zum Verarbeiten

Zeit

Arbeitszeit: 30 Min.

Geh- und Backzeit

Nährwert

Pro Portion 296 kcal

Kohlenhydrate: 40 g

Eiweiß: 6 g

Fett: 11 g

Schwierigkeit

Zubereitung

Das Mehl mit Trockenhefe , 45 g Zucker und 1/2 Tl Salz in einer Schüssel vermischen.

Das Ei in einem Messbecher verquirlen und mit etwa 250 ml zimmerwarmer Milch auf 300 ml auffüllen.

Eimilch und 50 g weiche Butter zur Mehlmischung hinzugeben und am besten in der Küchenmaschine oder mit den Knethaken das Handmixers 6-7 Min. zu einem glatten Teig verarbeiten.

Den Teig zu einer Kugel formen und in einer Schale zugedeckt an einem warmen, Ort 1 Std. gehen lassen, bis sich das Teigvolumen verdoppelt hat. Nougat klein würfeln und kühl stellen. Butter bei milder Wärme zergehen lassen.

Teig auf der leicht bemehlten Arbeitsfläche nochmal kräftig durchkneten und zu einer Fläche von 55x30 cm ausrollen. Den Teig mit der Butter bestreichen und Nougat und Schokolade darüber streuen. Teig von der Längsseite her aufrollen.

Die Rolle halbieren, eine Hälfte mit der Naht nach unten in eine gefettete Kastenform (Länge 30 cm) legen und etwas flach drücken. Die andere Hälfte drauf setzen und ebenfalls etwas flach drücken. Die Form in lauwarmes Wasser stellen und 30 Min. gehen lassen.

Brot in der Form im aufgeheizten Backofen bei 200 Grad auf dem Rost auf der 2. Schiene von unten 30-35 Min. backen (Umluft 180 Grad). Evtl. nach 15- 20 Min. mit Alufolie locker zudecken.

Schoko-Schock

Zutaten

Für 12 Portionen

- 200 g Butter
- 200 g Zartbitterschokolade (70% Kakaoanteil)
- 5 Eigelb (Größe M)
- 25 g Mehl
- 1 Prise Salz
- 5 Eiweiß (Größe M)
- 180 g Zucker
- 3 Tl Kakao

Zeit

Arbeitszeit: 60 Min.

Nährwert

Pro Portion 320 kcal

Kohlenhydrate: 25 g

Eiweiß: 4 g

Fett: 22 g

Schwierigkeit

Zubereitung

Zartbitterschokolade klein hacken, mit der Butter zusammen über einem heißen Wasserbad zerlassen. Vom Wasserbad nehmen und gut umrühren. 5 Eigelb mit einem Schneebesen hineinrühren.

Mehl darüber sieben und mit 1 Prise Salz kurz unterrühren. 1 Prise Salz und Eiweiß steif schlagen, dann nach und nach Zucker hineinrieseln lassen und 3 Min. weiterschlagen. Den Eischnee unter die Schokoladenmasse heben.

Die Masse in eine am Boden mit Backpapier ausgelegte Springform (Ø 24 cm) verstreichen. Im aufgeheizten Backofen bei 180 Grad (Umluft 160 Grad) auf der 2. Schiene von unten 50-55 Min. backen. In der Form vollständig auskühlen lassen. Anschließend mit Kakao bestäuben.

Sacher-Torte mit Cassis

Zutaten

Für 12 Portionen

Tortenboden

- 150 g Zartbitter Kuvertüre
- 105 g Marzipanrohmasse
- 6 Eier (Größe M)
- 150 g weiche Butter
- 150 g Mehl
- 4 El Kakaopulver
- 1 Tl Backpulver
- 85 g gemahlene Mandeln
- 150 g Zucker
- Salz
- 150 ml Cassis (schwarzer Johannsibeerlikör)
- 400 g schwarzes Johannisbeergelee

Schokoladenguß

- 150 g Zartbitterschokolade
- 100 ml Schlagsahne

Zeit

Arbeitszeit: 125 Min.

Nährwert

Pro Portion 594 kcal

Kohlenhydrate: 63 g

Eiweiß: 9 g

Fett: 32 g

Schwierigkeit

Zubereitung

Für den Tortenboden die Kuvertüre grob zerhacken und im warmen Wasserbad schmelzen. Marzipan grob reiben, die Eier trennen. Geschmolzene Kuvertüre, Butter, Marzipan und Eigelb in der Küchenmaschine mit dem Schneebesen 10 Minuten schaumig aufschlagen. Kakao, Backpulver und Mehl durchsieben und mit den Mandeln vermischen. Zucker, Eiweiß und 1 Prise Salz steif schlagen. 50 ml Cassis zur Butter-Schoko-Masse hinzugeben. Die Hälfte der Mehlmischung und die Hälfte vom steif geschlagenen Eiweiß mit einem Schneebesen vorsichtig unterheben, danach die restliche Mehlmischung und und das restliche Eiweiß ebenfalls unterheben. In den Boden einer Springform (Ø 26 cm) Backpapier bespannen, den Teig einfüllen und verstreichen.

Den Tortenboden im aufgeheizten Backofen bei 180 Grad (Gas 2-3, Umluft 160 Grad) auf der mittleren Schiene 38-43 Minuten backen. Aus dem Backofen entnehmen und auf einem Kuchengitter auskühlen lassen.

Den Tortenboden waagerecht aufschneiden, den unteren Boden mit 50 ml Cassis tränken. Das Johannisbeergelee umrühren, die Hälfte auf den unteren Boden verstreichen und den anderen Boden draufsetzen. Das restliche Johannisbeergelee aufkochen und wieder etwas abkühlen lassen. Die Torte mit dem restlichen Cassis tränken und am oberen Rand mit dem noch warmen Johannisbeergelee einpinseln.

Für den Schokoladenguss die Kuvertüre klein hacken. Die Sahne aufkochen und den Topf vom Herd nehmen. Die Kuvertüre in die Sahne hineinrühren, bis sie geschmolzen ist. Die Sachertorte auf ein Kuchengitter legen. 2-3 El vom Schokoladenguss abnehmen und in einem Einwegspritzbeutel wegstellen. Den Schokoladenguss über die Sachertorte gießen und glatt streichen. Wenn der Guss etwas fester geworden ist, mit dem restlichen Schokoladenguss Kreise auf die Sachertorte spritzen und mindestens 4 Stunden kühl stellen.

TIPP: Am besten schmeckt die Sachertorte, wenn sie 12 Stunden durchziehen konnte.

Weisse Sacher-Torte

Zutaten

Für 16 Stücke

Teig

- 160 g Butter
- 160 g weiße Kuvertüre
- 6 Eier (Größe M)
- 90 g Zucker
- Salz
- 1 Tl fein abgeriebene Orangenschale
- 150 g Mehl
- 30 g Speisestärke
- 2 Tl Weinsteinbackpulver

Garnierung

- 200 g weiße Kuvertüre
- 1 Tl Kakao
- Füllung und Glasur:
- 160 g Aprikosenkonfitüre
- 5 El klarer Kakaolikör (Crème de Cacao)
- 5 El Orangensaft
- 300 g weiße Kuvertüre
- 125 ml Schlagsahne

Zeit

Arbeitszeit: 60 Min.

plus Backzeit 35 Minuten plus Kühlzeiten mindestens 4 Stunden

Nährwert

Pro Stück 452 kcal

Kohlenhydrate: 44 g

Eiweiß: 6 g

Fett: 27 g

Schwierigkeit

Zubereitung

Für den Teig die Kuvertüre klein hacken, mit der Butter über dem nicht zu heißen Wasserbad schmelzen, dabei mehrfach umrühren. Die Eier trennen. 50 g Zucker, 1 Prise Salz, Eigelbe und Orangenschale mit dem Schneebesen der Küchenmaschine (oder den Quirlen des Handmixers) 6 Minuten cremig verrühren. Kuvertüre-Butter-Mischung hineinrühren.

1 Prise Salz und Eiweiße steif schlagen, dabei restlichen Zucker einrieseln lassen, 3 Minuten zum festen Eischnee aufschlagen. 1/3 des Eischnees in die Kuvertüremischung hineinrühren. Restlichen Eischnee zugeben, Stärke, Mehl und Backpulver draufsieben und alles unterheben. Teig in eine am Boden mit Backpapier ausgelegte Springform (Ø 24 cm) füllen. Im aufgeheizten Backofen bei 180 Grad (Gas 2-3, Umluft 160 Grad) auf der 2. Schiene von unten 30-35 Minuten backen (nach ca. 20 Minuten mit Backpapier zudecken).

In der Form auf einem Kuchengitter vollständig auskühlen lassen.

Inzwischen für die Garnierung ein Blech ca. 30 Minuten tiefgefrieren. Kuvertüre klein hacken und über dem nicht zu heißen Wasserbad schmelzen, dabei mehrfach umrühren. Ca. 1/6 der Kuvertüre zügig mit der Palette zu einem Streifen (ca. 20x10 cm) auf die Rückseite des Blechs streichen. Einen 2. Streifen ebenso aufstreichen. Die Kuvertüre wird sofort fest, lässt sich mit der Palette vom Backblech ablösen und zu Wellen formen. Die Wellen auf einem mit Backpapier belegten Teller in den Kühlschrank stellen. Das Backblech immer wieder mindestens 15 Minuten tiefgefrieren! Auf diese Weise weitere 4-6 Streifen formen und kalt stellen.

Zum Füllen Konfitüre glatt verrühren. Saft und Likör vermischen. Den Boden aus der Form lösen und Papier entfernen. Boden waagerecht in 3 gleich dicke Böden aufschneiden. Die Böden gleichmäßig mit der Likörmischung tränken (das geht am besten mit einem Pinsel). Auf den unteren Boden die Hälfte der Konfitüre verstreichen. Den zweiten Boden darauflegen und mit der restlichen Konfitüre bestreichen. Zum Schluss den dritten Boden draufsetzen.

Für die Glasur Kuvertüre klein hacken und zusammen mit der Sahne über dem nicht zu heißen Wasserbad schmelzen, dabei mehrfach umrühren. Die Glasur 30 Minuten kühl stellen und dabei mehrfach umrühren. Wenn die Masse streichfähig ist, erneut gut umrühren und die Torte ringsherum einpinseln. Torte 30 Minuten in den Kühlschrank stellen. Mit Kakao bestäubt und Kuvertürewellen belegt kredezen.

Blondies mit Kap-Stachelbeeren

Zutaten

Für 16 Einheiten

- 260 g weiße Kuvertüre
- 150 g Butter
- 250 g Kapstachelbeeren (Physalis)
- 110 g Walnusskerne
- 6 Eier (Größe M)
- 90 g brauner Zucker
- Salz
- 1 Tl fein abgeriebene Orangenschale
- 150 Mehl
- 2 Tl Weinsteinbackpulver

Zeit

Arbeitszeit: 45 Min.

plus Kühlzeit

Nährwert

Pro Einheit 273 kcal

Kohlenhydrate: 24 g

Eiweiß: 3 g

Fett: 18 g

Schwierigkeit

Zubereitung

150 g Kuvertüre klein hacken und zusammen mit der Butter langsam in einem Topf schmelzen lassen, abkühlen lassen. 150 g Kapstachelbeeren aus den Hülsen lösen und in zwei Hälften schneiden. Walnüsse klein hacken. Eine Auflaufform (ca. 35 x 20 cm) mit Backpapier auslegen. Den Backofen auf 180 Grad (Umluft 160 Grad) vorheizen.

Braunen Zucker, 1 Prise Salz, Eier und Orangenschale mit den Quirlen des Handmixers 7 Min. dick-cremig aufschlagen, bis der Zucker aufgelöst ist. Backpulver und Mehl vermischen, mit der Kuvertüremischung unterrühren. Halbierte Kapstachelbeeren und Walnüsse unterheben. Masse in die Form füllen und glatt streichen. Im heißen Backofen auf der untersten Schiene 23-28 Min. backen. In der Form auf einem Kuchengitter auskühlen lassen.

Die restliche Kuvertüre klein hacken und über einem heißen Wasserbad zerlassen. Restlichen Physalis aus den Hülsen lösen. Die Kuvertüre auf die Blondies träufeln und mit den Früchten garnieren.

Weißes Schoko-Parfait mit Aprikosen

Zutaten

- Für 10 Portionen
- 125 g getrocknete Aprikosen
- 5 El Pfirsichlikör
- 150 g weiße Kuvertüre
- 85 g Zucker
- 5 Eigelb (Größe M)
- 600 ml Schlagsahne
- 125 g Halbbitter-Kuvertüre (60 %)
- 10 Tl Aprikosenkernöl

Zeit

Arbeitszeit: 60 Min.

(Plus Kühl- und Gefrierzeit)

Nährwert

Pro Portion 466 kcal

Kohlenhydrate: 32 g

Eiweiß: 5 g

Fett: 34 g

Schwierigkeit

Zubereitung

Aprikosen klein würfeln und mit dem Pfirsichlikör marinieren. Weiße Kuvertüre klein hacken und in einer Schale im heißen Wasserbad schmelzen.

Zucker mit 100 ml Wasser aufkochen, abkühlen lassen. Zuckersirup und Eigelbe in einem runden Schlagkessel vermischen. Dann im heißen Wasserbad mit einem Schneebesen in 57 Minuten cremig dicklich aufschlagen. Danach im kalten Wasserbad kalt schlagen.

400 ml Sahne nicht zu steif schlagen. Schnell erst die Kuvertüre, dann die Sahne und zuletzt die Aprikosen in die Eigelbmasse einrühren. Masse in eine mit Klarsichtfolie ausgelegte Form (1 L Inhalt) abfüllen. Zugedeckt mind. 9 Stunden einfrieren.

Halbbitter-Kuvertüre klein hacken und in einer Schale im warmen Wasserbad schmelzen. Die restliche Sahne aufkochen und mit der Kuvertüre zu einer Sauce vermischen.

Parfait 20 Minuten vor dem Servieren mithilfe der Folie aus der Form herauslösen, in Scheiben aufschneiden und das Aprikosenkernöl darüber träufeln. Mit Kürbiskrokant und Sosse (siehe folgendes Rezept) herrichten.

Weiße Schoko-Amarenakuchen

Zutaten

- 100 g weiße Kuvertüre
- 150 g Amarenakirschen
- 100 g weiche Butter
- 115 g Puderzucker
- 5 Eier (Größe M)
- 25 g Mehl
- 75 g Semmelbrösel
- 100 g gemahlene Mandeln
- Salz
- Puderzucker zum Bestäuben
- Butter für die Gläser
- Semmelbrösel für die Gläser

Außerdem

Alufolie

Zeit

Arbeitszeit: 30 Min.

Backzeit 1:10 Std.

Nährwert

1152 kcal

Kohlenhydrate: 104 g

Eiweiß: 27 g

Fett: 70 g

Schwierigkeit

Zubereitung

Kuvertüre grob zerhacken und über dem heißen Wasserbad schmelzen. Amarenakirschen abtropfen lassen und in Hälften schneiden.

50 g Puderzucker und Butter mit den Quirlen des Handmixers in mindestens 9 Minuten cremig-weiß verrühren. Eier trennen und Eiweiße kühl stellen. Eigelb einzeln unter die Zucker-Butter-Masse rühren. Kuvertüre unterrühren. Semmelbrösel, Mehl und gemahlene Mandeln vermischen und mit den Amarenakirschen locker unterheben. 1 Prise Salz und Eiweiß steif schlagen, dabei restlichen Puderzucker hineinrieseln lassen. Den Eischnee locker unterheben.

3 Weckgläser (0,5 l Inhalt) mit Butter auspinslen und mit Semmelbröseln bestreuen. Den Teig in den Gläsern aufteilen. Die Saftpfanne des Backofens auf die 2. Schiene von unten in den auf 200 Grad (Gas 3, Umluft wird nicht empfohlen) aufgeheizten Backofen schieben und ca. 3 cm hoch mit kochendem Wasser befüllen. Die Gläser in die Saftpfanne stellen und die Kuchen 1-1:10 Stunden backen. Die Kuchen am Ende der Backzeit mit Folie bedecken, damit sie nicht zu dunkel werden.

Die Kuchen auf einem Gitter auskühlen lassen. Einen Stern aus Papier auf die Kuchen legen und die Kuchen mit Puderzucker bestäuben. Den Stern vorsichtig entfernen. Bis zum Verschenken abgedeckt kühl stellen.

TIPP Die Schokokuchen halten sich prima. Sie können sie problemlos 1 Tag vor dem Fest backen.

Weißer Schokoladen-Kuchen

Zutaten

Für 16 Stücke

- 80 g weiße Schokolade
- 185 g weiche Butter
- 120 g Zucker
- 1 Pk. Vanillezucker
- 1 Tl abgeriebene Orangenschale (unbehandelt)
- 3 Eier (Größe M)
- 225 g Mehl
- 85 g gemahlene Mandelkerne
- 2 gestr. Tl Backpulver
- 16 El Milch
- 100 g Puderzucker
- 2 El Orangensaft

Zeit

Arbeitszeit: 80 Min.

Nährwert

Pro Portion 268 kcal

Kohlenhydrate: 28 g

Eiweiß: 4 g

Fett: 15 g

Schwierigkeit

Zubereitung

Weiße Schokolade klein hacken. Die weiche Butter (oder Margarine), Vanillezucker, Zucker und Orangenschale mit den Quirlen des Handmixers mind. 6 Min. schaumig verrühren. Eier einzeln vollständig unterrühren. Gemahlene Mandelkerne, Mehl, Backpulver und die Schokolade vermischen.

Die Hälfte der Mehlmischung in die Buttermasse hineinrühren. 8 El Milch langsam unterrühren. Weitere 8 EL Milche und restliche Mehlmischung hineinrühren. Eine Kastenform (30x12 cm) mit Backpapier auslegen und den Teig in die Form gießen, glatt streichen.

Im aufgeheizten Ofen bei 175 Grad (Umluft 160 Grad) auf der 2. Schiene von unten 50-60 Min. backen. Kuchen auf einem Rost 5-10 Min. abkühlen lassen, dann aus der Form entnehmen. 10 g Butter zerlassen. Orangensaft mit Puderzucker glatt verrühren und die geschmolzene Butter gleichmäßig unterrühren. Den ausgekühlten Kuchen mit dem Guss überziehen.

Üppiger Schokoladen-Kuchen

Zutaten

Für 20 Stücke

- 500 g Zartbitterschokolade, 70 % Kakaoanteil
- 260 g Butter
- 10 Eier (Größe M)
- ½ Tl Salz
- 225 g Zucker
- 80 g Mehl
- 3 El Rum
- Butter (für das Blech)
- Kakaopulver zum Bestäuben

Zeit

Arbeitszeit: 30 Min.

plus Backzeit ca. 35 Minuten

Nährwert

Pro Stück 330 kcal

Kohlenhydrate: 27 g

Eiweiß: 6 g

Fett: 21 g

Schwierigkeit

Zubereitung

Den Ofen auf 180 °C aufheizen. Ein tiefes Backblech mit der Butter fetten. Die Zartbitterschokolade klein hacken und die Butter in Stückchen schneiden. Beides im Wasserbad zerlassen, danach leicht abkühlen lassen.

Die Eier trennen. Eiweiß mit Salz steif schlagen. 100 g Zucker einrieseln lassen und weiterschlagen, bis sich die Zuckerkristalle gelöst haben und die Masse erneut sehr steif ist. Eigelb mit restlichem Zucker cremig-dick aufschlagen. Mehl darauf sieben und den Rum hinzugeben. Unter ständigem Rühren die warme Schoko-Butter-Mischung drunterquirlen. Zum Schluss den Eischnee in zwei bis drei Portionen unterheben.

Den Teig auf dem Backblech verstreichen und auf der mittleren Schiene ca. 35 Minuten backen. Aus dem Ofen nehmen, auskühlen lassen. Vor dem Auftragen mit Kakaopulver einstäuben.

Den Kuchen kann man auch gut als Dessert genießen. Dazu schneiden Sie ihn in kleine Stückchen, denn er ist recht mächtig. Hervorragend passt dazu ein Klecks kalte Crème fraîche.

Kalte Schoki

Kirsch-Schoko-Parfait

Zutaten

Für 6 Portionen

Parfait

- 200 g Sauerkirschen
- 4 El Kirschwasser
- 100 g weiße Kuvertüre
- 2 Eier (Größe M)
- 25 g Zucker
- Salz
- 200 ml Schlagsahne

Knusperboden:

- 60 g Zarbitter-Kuvertüre
- 15 g Butter
- 40 g Cornflakes
- Fleur de sel

Sauce

- 350 g Sauerkirschen
- 25 g Zucker
- 2 El Zitronensaft
- 1 Tl Speisestärke
- 3 El Kirschwasser

Zeit

Arbeitszeit: 80 Min.

plus Marinier- und Gefrierzeiten

Nährwert

Pro Portion 411 kcal

Kohlenhydrate: 41 g

Eiweiß: 6 g

Fett: 23 g

Schwierigkeit

Zubereitung

Für das Parfait die Steine der Kirschen entfernen und die Kirschen vierteln. Mit dem Kirschwasser vemischen und eine halbe Stunde marinieren lassen. Kuvertüre klein hacken und im warmen Wasserbad schmelzen.

Zucker, Eier und 1 Prise Salz in einem heißen Wasserbad cremig-dick aufschlagen. Kirchen und Eischaum zur flüssigen Kuvertüre hinzugeben und untermischen. Abkühlen lassen. Die Sahne mit den Quirlen des Handmixers steif schlagen und unter die Kirschmasse heben.

Eine viereckige Form (ca. 15 x 10 cm) mit Frischhaltefolie auslegen und die Parfaitmasse einfüllen. Mindestens 7 Stunden einfrieren.

Für den Knusperboden die Kuvertüre klein hacken und in einem warmen Wasserbad zusammen mit der Butter schmelzen lassen. Cornflakes grob zerbröseln und mit 1 Prise Salz unter die Kuvertüre mischen. Die Masse ca.1/2 cm hoch auf ein mit Backpapier belegtes Brett streichen und kühl stellen.

Für die Sauce die Kirschen entsteinen und mit Zitronensaft und Zucker in einem Topf zugedeckt 5 Minuten leise köcheln lassen. Die Kirschen in Rührbecher füllen und mit dem Mixstab fein mixen. Kirschpüree durch ein Sieb streichen.

Kirschwasser und Stärke glatt verrühren und mit dem Kirschpüree zurück in den Topf füllen. Unter Rühren 1 Minute kochen und abkühlen lassen.

Den Knusperboden mit einem Messer in 6 Quadrate (à 5 x 5 cm) aufschneiden und auf Teller legen. Parfait ebenfalls in 6 Quadrate (à 5 x 5 cm) aufschneiden und auf die Knusperböden legen. 12-17 Minuten antauen lassen. Mit der Kirschsauce zusammen auftragen.

Kalter Dalmatiner

Zutaten

Für 6 Stücke

- 390 g weiße Schokolade
- 390 g Palmfett (z. B. Palmin)
- 1 Tl Öl
- 11 Butterkekse mit dunklem Schokoladenüberzug (ca. 110 g)
- 55 g dunkle Kuchenglasur

Zeit

Arbeitszeit: 30 Min.

Nährwert

Pro Portion 1100 kcal

Kohlenhydrate: 51 g

Eiweiß: 7 g

Fett: 96 g

Schwierigkeit

Zubereitung

Fett und Schokolade grob zerhacken und in einer Schüssel im heißen Wasserbad zerlassen. Unter gelegentlichem Umrühren im kalten Wasserbad lauwarm abkühlen lassen. Aufpassen, dass die Masse nicht zu fest wird.

Eine Kastenform (1 l Inhalt) dünn mit Öl einpinseln und mit Frischhaltefolie auslegen. Abwechselnd Kekse und Schokoladenmasse schichten. Die Schokoladenschicht soll dabei immer ca. 1 cm hoch sein. 6 Std. kalt stellen.

Die hart gewordene Schokoladenmasse aus der Form stürzen und die Folie entfernen. Kuchenglasur nach Packungsanweisung schmelzen und damit Dalmatiner-Flecken auf die weiße Schokolade tropfen.

Tipp: Kuchenglasur in der Tüte eignet sich besser, da diese direkt heraustropfen kann.

Weißes Schokoladen-Parfait mit Rotwein-Sauce

Zutaten

Für 10 Portionen

- ½ Tl weiße Pfefferkörner (ca. 20 Stück)
- 90 g weiße Kuvertüre
- 250 ml Schlagsahne
- 125 ml Läuterzucker (siehe Rezept Läuterzucker)
- 4 Eigelb (Größe M)
- Rotweinsauce
- 250 ml Rotwein
- 125 ml Läuterzucker, siehe Rezept Läuterzucker
- 1 Tl Speisestärke

Zeit

Arbeitszeit: 30 Min.

Kühlzeit

Nährwert

Pro Portion 229 kcal

Kohlenhydrate: 22 g

Eiweiß: 2 g

Fett: 14 g

Schwierigkeit

Zubereitung,

Pfefferkörner in einem Mörser zerstossen. Weiße Kuvertüre mit einem Sparschäler in Späne hobeln. Den Rest klein hacken. 20 g Späne für die Dekoration zurückstellen.

Schlagsahne steif schlagen und in den Kühlschrank stellen. Läuterzucker aufkochen. Eigelbe mit den Quirlen des Handmixers dick-schaumig schlagen, dabei den heißen Läuterzucker in einem dünnen Strahl zugießen. So lange weiterschlagen, bis die Eigelbmasse wieder Zimmertemperatur hat. Mit einem Schneebesen Schlagsahne, Kuvertürespäne und Pfeffer unterheben. Die Parfaitmasse in 8-10 runde Förmchen (à 125 ml Inhalt, z. B. Joghurtbecher) verteilen und mindestens 6 Stunden, am besten über Nacht, tiefgefrieren.

Für die Sauce Läuterzucker und Rotwein 10 Minuten bei milder Wärme kochen lassen. Speisestärke mit etwas kaltem Wasser glatt verrühren und unter ständigem Umühren in den Rotwein gießen, nochmals aufkochen. Zur Seite stellen und auskühlen lassen.

Förmchen kurz in heißes Wasser eintauchen und die Parfaits aus der Form stürzen. Mit Kuvertürespänen und Rotweinsauce servieren.

Kühlschrank-Torte

Zutaten

Für 10 Portionen

- 140 g weiße Schokolade
- 70 g Cornflakes (ohne Zucker)
- 400 ml Schlagsahne
- 500 g Magerquark
- 2 Gelatinepulver (z. B . Gelatine-Fix von Dr. Oetker)
- 90 g Zucker
- 300 g Heidelbeeren, TK
- 1 Pk. Vanillezucker
- 2 gestr. Tl Speisestärke

Zeit

Arbeitszeit: 45 Min.

(Plus Kühlzeiten)

Nährwert

Pro Portion 324 kcal

Kohlenhydrate: 31 g

Eiweiß: 10 g

Fett: 17 g

Schwierigkeit

Zubereitung

Schokolade grob zerhacken und in einer Schale im heißen Wasserbad schmelzen. Cornflakes untermischen, sodass sie komplett von Schokolade umhüllt sind. Den Boden einer Springform (Ø 24 oder 26 cm) mit Backpapier bespannen und die Cornflakes-Schoko- Mischung darauf legen und dabei leicht andrücken. 30 Min. kalt stellen.

Sahne steif schlagen. Quark mit den Quirlen des Handmixers cremig verrühren, dabei Gelatinepulver hineinrieseln lassen und 2 Min. weiterrühren. Den Zucker ebenfalls unterrühren. Die Sahne in mehreren Portionen unterheben. Die Sahne-Quark-Masse in die Form füllen und gleichmäßig verstreichen. Mind. 5 Std. kalt stellen.

Heidelbeeren in einem Topf mit 3 El Wasser und Vanillezucker vermischen und bei mittlerer Flamme unter gelegentlichem Umrühren auftauen lassen. 2 El Wasser und Stärke verrühre und unter die Beeren mischen, alles noch einmal aufkochen. Wegstellen und abkühlen lassen.

Die Torte aus der Form lösen und auf eine Platte legen. Kurz vor dem Anrichten die Heidelbeeren darauf geben.

Konfekt

Schokoladen-Salami

Zutaten

Für 24 Scheiben

- 100 g Zartbitterkuvertüre
- 60 g Vollmilchkuvertüre
- 70 g Vollmilchkuchenglasur
- 2 Tl Lebkuchengewürz
- 75 g Butterkekse
- 35 g Amaretti
- 60 g Haselnusskerne
- 55 g Mandeln
- 50 g weiße Schokolade
- 4 El Puderzucker

Zeit

Arbeitszeit: 45 Min.

plus Kühlzeit

Nährwert

Pro Scheibe 115 kcal

Kohlenhydrate: 10 g

Eiweiß: 2 g

Fett: 7 g

Schwierigkeit

Zubereitung

Beide Kuvertüren mit einem breiten Messer sehr fein hacken. Kuchenglasur klein hacken und mit Lebkuchengewürz und Kuvertüre in einer Schüssel über einem heißen Wasserbad schmelzen.

Amaretti grob zerkleinern. Butterkekse in einen Gefrierbeutel geben und mithilfe eines schweren Topfes fein zerbröseln. Mandeln und Nüsse grob zerhacken. Weiße Schokolade in klein würfeln.

Kuvertüremischung vom Wasserbad nehmen. Nacheinander Amaretti, Butterkekse, Mandeln und Nüsse unterrühren. Die weiße Schokolade unterrühren. Masse 25 Min. in den Kühlschrank stellen.

1 Bogen Backpapier (40 x 30 cm) auf ein genauso großes Stück Alufolie legen. Schokomasse als Streifen darauf verteilen und fest zu einer Wurst zusammenrollen. Im Kühlschrank mind. 6 Std. durchkühlen lassen.

Schokoladen-Salami aus der Folie wickeln, von allen Seiten dick mit Puderzucker bestäuben und fest andrücken. Die Schokoladen-Salami hält sich im Kühlschrank gelagert 3–4 Wochen.

Tipp: Damit die Salami beim Anschneiden nicht bricht, etwa 30 Minuten vor dem Anscheiden aus dem Kühlschrank nehmen. Schneiden Sie später mit einem scharfen Messer nicht zu schmale Scheiben davon ab.

Schokoladen-Whisky-Fudge

Zutaten

Für 20 Portionen

- 100 g Zartbitter-Kuvertüre
- 275 g Zucker
- 3 El Glukosesirup
- 75 ml Schlagsahne
- 20 ml Whisky
- 30 g Butter
- 1 Tl Fleur de sel

Zeit

Arbeitszeit: 30 Min.

plus Ruhe- und Abkühlzeit

Nährwert

Pro Portion 114 kcal

Kohlenhydrate: 17 g

Fett: 4 g

Schwierigkeit

Zubereitung

Kuvertüre klein hacken. Glucose, Zucker, Sahne und Whisky in einem mittleren Topf verrühren und 20 Minuten stehen lassen. Zuckermasse aufkochen, Butter hinzugeben und bis 115 Grad aufköcheln lassen. Topf vom Herd nehmen und eine Prise Fleur de Sel und 60 g Kuvertüre unterrühren. Fudgemasse mit einem Kochlöffel so lange umrühren bis sie anfängt fester zu werden. Fudge rechteckig ca. 1,5 cm hoch auf ein mit Backpapier ausgelegtes Backblech verstreichen und vollständig abkühlen lassen.

Die restliche Kuvertüre in einer Schale in einem warmen Wasserbad unter Umrühren schmelzen und auf dem Fudge verstreichen. Auf die noch weiche Kuvertüre ein bißchen Fleur de Sel verstreuen.

Fudge am nächsten Tag in große Quadrate schneiden.

Chili-Schokowürfel

Zutaten

Für 35 Portionen

Teig

- 70 g Zartbitter-Kuvertüre
- 80 g Butter
- 4 Eier (Größe M, getrennt)
- 75 g Zucker
- Salz
- 50 g Mehl
- 1 Tl Backpulver
- 35 g gemahlene Mandeln

Chili-Ganache:

- 120 g Zartbitter-Kuvertüre
- 100 g Vollmilch-Kuvertüre
- 150 ml Schlagsahne
- 2 Tl Chiliflocken
- 50 g weiche Butter
- Zum Tränken
- 6 El Orangensaft
- 5 El Schokoladenlikör (z. B. Creme de Cacao; ersatzw. Sirup, z. B. von Monin)

Glasur

- 100 g Zartbitter-Kuvertüre
- 100 ml Schlagsahne
- 3 El Honig
- 30 g Butter
- 50 g Vollmilchschokolade

Zeit

Arbeitszeit: 100 Min.

Nährwert

Pro Portion 142 kcal

Kohlenhydrate: 13 g

Eiweiß: 3 g

Fett: 9 g

Schwierigkeit

Zubereitung

Für den Teig Kuvertüre klein hacken, mit der Butter in eine Schüssel geben und in einem warmen Wasserbad langsam zerlassen gehen. Etwas abkühlen lassen.

25 g Zucker und Eigelb mit den Quirlen des Handmixers 5 Minuten sehr cremig aufschlagen. Eiweiß und 1 Prise Salz mit sauberen Quirlen ebenfalls steif schlagen, dabei restlichen Zucker einrieseln lassen und 3 ½ Minuten weiterschlagen, bis ein cremig-fester Eischnee entsteht. Kuvertüremischung unter in die Eigelbmasse hineinrühren. Eischnee vorsichtig unterheben. Backpulver und Mehl drauf sieben. Mandeln hinzugeben und alles vorsichtig unterheben. Teig auf ein mit Backpapier belegtes Blech verstreichen (30x20 cm). Im aufgeheizten Ofen bei 180 Grad auf der 2. Schiene von unten 15 Minuten backen (Gas 2-3, Umluft 150 Grad). Auf dem Blech auskühlen lassen.

Für die Ganache die Vollmilch- und Zartbitter-Kuvertüre sehr fein zerhacken. Chiliflocken im Mörser sehr fein zerdrücken. 1 ½ Tl Chili und Sahne aufkochen und über die Kuvertüre gießen, 3 Minuten stehen lassen. Dann alles mit einem Kochlöffel gut umrühren, bis die Kuvertüre gelöst ist. Die Masse abkühlen lassen. Butter mit den Quirlen des Handmixers ca. 6 Minuten schaumig rühren. Mit der Kuvertüremasse verrühren, bei Bedarf mit Chili nachwürzen.

Den Teig vom Formrand lösen und aus der Form stürzen. Mit einem scharfen Sägemesser einmal waagerecht halbieren. Unteren Boden mit der Unterseite nach unten wieder in das mit Backpapier ausgelegte Backblech legen. Likör und Orangensaft vermischen, die Hälfte gleichmäßig auf den Boden verteilen. Die Chili-Ganache darauf verstreichen. 2. Boden drauf legen und mit der restlichen Likörmischung beträufeln. Mindestens 5 Stunden, am besten über Nacht, kühl stellen.

Für die Glasur die Zartbitter-Kuvertüre klein hacken. Honig, Sahne und Butter aufkochen. Dann auf dem ausgeschalteten Herd die Kuvertüre unter Umrühren mit einem Kochlöffel darin auflösen. In eine Schüssel umfüllen und auskühlen lassen, bis die Masse dickflüssig ist.

Die Teigplatte aus der Form lösen, mit einem in heißes Wasser getauchten Messer in 3x3 cm große Würfel aufschneiden. Auf ein Kuchengitter setzen. Die Glasur mit einem Löffel gleichmäßig darüber verteilen, sodass sie an den Seiten herunterläuft. Schokolade mit einem Sparschäler in feine Locken schaben und vorsichtig auf den Würfeln verstreuen. Kurz im Kühlschrank fest werden lassen. Nebeneinander gestellt in einer Dose im Kühlschrank aufbewahren. Die Chili-Schokowürfel halten sich ca. 10 Tage.

Schokokaramellen

Zutaten

Für 45 Stück

- 135 g Zartbitterkuvertüre
- 90 g Zucker
- 45 g Butter
- 125 ml Schlagsahne
- 30 g Honig

Zeit

Arbeitszeit: 25 Min.

Nährwert

37 kcal

Kohlenhydrate: 4 g

Fett: 2 g

Schwierigkeit

Zubereitung

Eine Kastenform (25 cm Länge) mit Backpapier auslegen.

Zartbitterkuvertüre klein hacken. Mit Butter, Zucker, Schlagsahne und Honig in einen großen Topf (Ø ca. 24 cm) geben und aufkochen. Unter ständigem Umrühren bei mittlerer bis starker Wärme 10-13 Min. zu einer dickflüssigen Masse einkochen.

Um die Konsistenz zu prüfen, einige Tropfen Bonbonmasse auf einen Teller tropfen: Wenn sie in wenigen Sek. so fest wird, dass sie nicht mehr läuft, aber noch auf Druck nachgibt, ist die Masse richtig.

Schoko-Karamellmasse in die Form einfüllen und auskühlen lassen. Mit einem eingeölten Messer in Stücke von ca. 3x1 cm schneiden. Schoko-Karamellen in Zellophan einpacken.

Schokoladen-Bananen-Fudge

Zutaten

Für 45 Portionen

- 85 g reife Banane
- 2 El Honig
- 275 g Zucker
- 100 ml Schlagsahne
- 100 g Vollmilchkuvertüre
- 25 g Butter
- 1 El Kaffeebohnen
- Pralinenkapseln

Zeit

Arbeitszeit: 30 Min.

plus Abkühlzeit

Nährwert

Pro Portion 50 kcal

Kohlenhydrate: 8 g

Fett: 1 g

Schwierigkeit

Zubereitung

Banane mit einer Gabel zerdrücken und zusammen mit dem Honig in einem kleinen Topf unter Umrühren zu Mus verkochen.

Schlagsahne und Zucker in einem mittleren Topf vermischen und 15 Minuten stehen lassen. Kuvertüre zerhacken. Zuckermasse aufkochen, Butter hinzugeben und bis 115 Grad weiter köcheln lassen. Den Topf vom Herd nehmen und Kuvertüre kurz unterrühren. 15 Minuten abkühlen lassen. Die Kaffeebohnen in einem Mörser grob zerstossen.

Bananenmasse in die Fudgemasse einrühren, mit einem Kochlöffel so lange weiterrrühren bis sie anfängt heller und fester zu werden. Toffeemasse mit einem Löffel in die Pralinenkapseln einfüllen und mit zerstossenen Kaffeebohnen bestreuen. Bananenfudge über Nacht fest werden lassen.

Kokos-Schoko-Bananen

Zutaten

Für 8 Portionen

- 100 g Zartbitterschokolade
- 8 weiche Amarettini
- 2 große Bananen
- 3 El Kokosraspel

Zeit

Arbeitszeit: 15 Min.

Nährwert

Pro Portion 125 kcal

Kohlenhydrate: 14 g

Eiweiß: 2 g

Fett: 6 g

Schwierigkeit

Zubereitung

Schokolade in Stückchen zerschneiden und im heißen Wasser schmelzen.

Bananen schälen und jeweils in 4 schräge Stücke aufschneiden. Bananenstücke und Amarettini vorsichtig auf 8 Holzspieße aufspießen.

Bananenspieße mithilfe eines Löffels mit Schokolade überziehen und mit anschließend mit Kokosraspeln bestreuen. Auf Backpapier legen und fest werden lassen.

Schokoladen-Taler

Zutaten

Für 20 Portionen

- 200 g Vollmilchschokolade
- 45 g gehackte Haselnusskerne
- 4 El bunte Schokolinsen (z.B. Mini-Smarties, ca. 32 g)

Zeit

Arbeitszeit: 35 Min. (Plus Kühlzeit)

Nährwert

Pro Portion 74 kcal

Kohlenhydrate: 6 g /Eiweiß: 1 g/ Fett: 4 g

Schwierigkeit

Zubereitung

Gehackte Haselnusskerne in einer Pfanne ohne Fett goldbraun anrösten und auf einem Teller auskühlen lassen.
200 g Vollmilchschokolade klein hacken und in einer kleinen Schüssel im warmen Wasserbad schmelzen lassen, dabei ab und zu umrühren. Schüssel in ein kaltes Wasserbad stellen und unter vorsichtigem Umrühren abkühlen. Die Schokolade esslöffelweise schnell auf zwei mit Backpapier ausgelegte Backbleche klecksen. Backbleche mehrmals leicht auf die Arbeitsfläche stoßen, damit die Schokolade zu Talern verläuft. Schoko -Taler mit 4 El bunten Schokolinsen und Nüssen bestreuen und hart werden lassen.
Statt Nüssen eignen sich auch Mandelsplitter oder geröstete Erdnusskerne.

Getränke

Schoko-Erdnuss-Shake

Zutaten

Für 4 Gläser

- 140 g Schoko-Erdnuss-Riegel
- 4 Kugeln Vanilleeis
- 400 ml kalte Milch
- 1 Tl lösliches Espressopulver

Zeit

Arbeitszeit: 10 Min.

Nährwert

Pro Glas 342 kcal

Kohlenhydrate: 36 g

Eiweiß: 8 g

Fett: 18 g

Schwierigkeit

Zubereitung

Schoko-Erdnuss-Riegel klein hacken. 2/3 der Schoko-Erdnuss-Mischung mit Milch, Vanilleeis und Espressopulver in einem Mixer oder mit dem Mixstab fein pürieren.

Shake in eisgekühlte Gläser gießen und mit der restlichen gehackten Schoko-Erdnuss-Mischung bestreuen und auftragen.

Schoko-Traum

Zutaten

Für 3 Gläser

- 4 Kapseln Kardamom
- 1 Orange
- 80 g Zartbitterschokolade
- 400 ml Milch
- 100 ml Schlagsahne

Zeit

Arbeitszeit: 15 Min.

Nährwert

Pro Glas 305 kcal

Kohlenhydrate: 18 g / Eiweiß: 7 g / Fett: 22 g

Zubereitung

Kardamomkapseln in einem Mörser leicht zerdrücken und die Kapseln entfernen. Die Samen fein zerstoßen. Orange abwaschen und die Hälfte der Schale dünn abschälen. Schokolade klein hacken. 2 El zum Verzieren zurück stellen.

Milch mit Orangenschale , zerstoßenem Kardamom und gehackter Schokolade in einen Topf geben. Unter Rühren langsam erhitzen, bis die Schokolade geschmolzen ist (Die Masse darf nicht kochen!). Die Schokoladenmilch zugedeckt 6-7 Min. ziehen lassen.

Sahne steif schlagen. Orangenschale aus der Schokoladenmilch entfernen. Heiße Schokomilch in aufgewärmte Gläser gießen. Mit geschlagener Sahne verzieren und mit der restlichen Schokolade bestreuen.

Heiße Schokolade klassisch

Zutaten

Für 2 Portionen

- 600 ml fettarme Milch
- 100 ml Schlagsahne
- 100 g Zartbitterschokolade (52 % Kakaogehalt)
- 2 Tl Schokolocken

Zeit

Arbeitszeit: 15 Min.

Nährwert

Pro Portion 547 kcal

Kohlenhydrate: 39 g /Eiweiß: 15 g /Fett: 36 g

Schwierigkeit

Zubereitung

Milch in einem Topf unter gelegentlichem Umrühren erhitzen. Schokolade grob zerhacken und in der Milch auflösen.

Inzwischen die Sahne halb steif schlagen. Die heiße Schokolade mit einem Schneebesen kräftig umrühren und in 2 Gläser gießen. Mit der Schlagsahne und einigen Schokolockenbestreut servieren.

Damit die heiße Schokolade länger heiß bleibt, können Sie die Gläser mit kochend heißem Wasser ausspülen, bevor Sie die Schokolade eingießen.

Heiße weiße Schokolade

Zutaten

Für 2 Portionen

- 100 g weiße Schokolade
- 400 ml Milch
- 100 ml Schlagsahne
- 1 Tl fein abgeriebene Orangenschale
- 3 El Orangenlikör (oder Orangensaft)
- 1 Msp. gemahlener Zimt
- Muskatnuss

Zeit

Arbeitszeit: 10 Min.

Nährwert

Pro Portion 575 kcal

Kohlenhydrate: 44 g

Eiweiß: 10 g

Fett: 38 g

Schwierigkeit

Zubereitung

Von der weißen Schokolade mit einem Sparschäler ca. 25 g in feinen Locken abschälen und auf einem Teller in den Kühlschrank stellen. Restliche Schokolade klein hacken. 100 ml Schlagsahne steif schlagen.

Fein abgeriebene Orangenschale Milch, Orangenlikör (oder Orangensaft), je 1 Msp. gemahlenen Muskatnuss und Zimt aufkochen. Den Ofen ausstellen und die gehackte Schokolade in die Milch hineingeben und unter Rühren auflösen. In 2 Becher oder Gläser gießen und die Sahne darauf verteilen. Mit den Schokolocken und evtl. einigen Orangenschalenstreifen verzieren und anschließend servieren.

Schoko-Eiskaffee

Zutaten

Für 2 Portionen

- 250 ml Espresso
- 250 ml fertiger Kakaotrunk
- 125 ml Schlagsahne
- 100 g Vanilleeis
- 150 g Schokoladeneis
- Kakaopulver

Zeit

Arbeitszeit: 10 Min.

Kühlzeit

Nährwert

Pro Portion 694 kcal

Kohlenhydrate: 80 g

Eiweiß: 11 g

Fett: 36 g

Schwierigkeit

Zubereitung

250 ml Espresso abkühlen lassen und dann 1 Std. kühl stellen. 250 ml fertigen Kakaotrunk ebenfalls 1 Std. in den Kühlschrank stellen. 2 große Milchkaffee-Schalen (à ca. 350 ml Inhalt oder Gläser) im Gefrierfach vorkühlen.

Schlagsahne steif schlagen. Aus ca. 100 g Vanilleeis 2 Kugeln abstechen und aus ca. 150 g Schokoladeneis 4 Kugeln abstechen. Kakaotrunk und Espresso vermischen.

Je 2 Kugeln Schokoladeneis und 1 Kugel Vanilleeis in die Kaffeeschalen geben, mit der Espressomischung auffüllen. Sahne darauf verteilen und mit etwas Kakaopulver bestäuben.

Minz-Schoko-Drink

Zutaten

Für 2 Portionen

- 500 ml fettarme Milch
- 1 Bund Minze
- 100 g Zartbitterschokolade
- 1 Stiel Minze

Zeit

Arbeitszeit: 10 Min.

Nährwert

Pro Portion 368 kcal

Kohlenhydrate: 34 g

Eiweiß: 10 g

Fett: 20 g

Schwierigkeit

Zubereitung

Milch aufkochen und vom Herd nehmen. Die Minze dazugeben und ca. 1 Std. ziehen lassen. Die Milch durch ein Sieb zurück in den Topf gießen und nochmals aufwärmen. Zartbitterschokolade grob zerhacken und unter Umrühren in der Milch schmelzen lassen. Die Schoko-Milch kalt stellen und vor dem Servieren mit einem Schneebesen kräftig durchrühren. In 2 Gläser einfüllen und mit 1 Minzestiel garnieren. Mit Eiswürfeln auch sehr lecker!

Eis-Schoko

Zutaten

Für 6 Portionen

- 11 El Instant-Kakaopulver + etwas zum Bestäuben
- 1 l kalte Vollmilch
- 750 ml Vanilleeis

Zeit

Arbeitszeit: 5 Min.

Schwierigkeit

Zubereitung

Kalte Vollmilch mit Instant-Kakaopulver glatt verrühren. Vanilleeis zu Kugeln abstechen und auf 6 Gläser aufteilen. Den Kakao aufgießen und mit der geschlagenen Sahne garnieren und mit Kakaopulver bestäuben. Anschließend kredenzen.

Abkürzungen:

G	Gramm
TL	Teelöffel
Ml	Milliliter
EL	Esslöffel(Suppenlöffel)
L	Liter
evtl.	eventuell
n. B.	nicht Benannt
Msp.	Messerspitze
Pck.	Packung
gestr.	gestrichen
gr.	groß
Ggf.	gegebenenfalls
TK	Tiefkühl
Kl	klein
M	Mittel Groß
kcal	Kilokalorie
	Einfache Zubereitung
	Mittelschwere Zubereitung
	Schwere

Quellen:

1. Eigene Versuche
2. Versuche von Familie und Freunde
3. http://www.lecker.de/
4. http://www.essen-und-trinken.de
5. Bilder wurden ausschließlich von https://pixabay.com/de verwendet.
6. http://www.essen-und-trinken.de
7. http://de.allrecipes.com

Wie waren die Informationen?

Solltest Du Gefallen an meinem Buch gefunden haben, wäre ich Dir sehr dankbar für Deine Bewertung. Um eine Bewertung zu hinterlassen,

klicke einfach hier ⇨

und bewerte das Buch mit einigen kurzen Sätzen.

Das dauert nicht länger als 2 Minuten.

Schreibe, was Dir ganz besonders gut gefallen hat und natürlich auch (konstruktiv), solltest Du etwas vermisst haben. Ich lese wirklich jede Bewertung und jedes persönliche Feedback (*info@rdw-traders-club.de*). Das hilft mir dabei, meine Bücher stetig zu verbessern und den persönlichen Kontakt mit meinen Lesern zu intensivieren.

Auf meiner Facebook Seite, in unserer geschlossenen Gruppe, lade ich Sie gerne ein das wir verschieden aktuelle Erlebnisse Diskutieren können und jeder für sich bewerten kann.

Weil meist gibt es nicht nur eine Wahrheit.
https://www.facebook.com/m.rockit/

Besuche mich auf Homepage:

http://www.rdw-traders-club.de/BUeCHER-VON-RDW

Wenn Du über Aktion und Angebote informiert werden möchtest,
Trage Dich bei unserem Newsletter-dienst ein,
versprochen kein Spam.

http://www.rdw-traders-
club.de/epages/80159646.sf/de_DE/?ObjectPath=/Shop
s/80159646&ViewAction=ViewNewsletterVielen
herzlichen

Dank für Deine Unterstützung.

M. Rockit

Mein Facebook Seite

https://www.facebook.com/m.rockit/

Rechtliches

Für Fragen und Anregungen:

info@rdw-traders-club.de

BUCHTITEL

Schokalden-Rezepte

Kochen und Backen mit Schokolade

66 Leckere

Schokladen - Rezepte.

Aus der Serie

66 Rezepte zum Verlieben,

Teil 36

Autor.: M. Rockit

Auflage,1 JAHR 2019

Herausgeber dieses Buches ist

VERLAG: Rock die Wellen Traders Club

ADRESSE: An der Brenzbahn 6

PLZ, 89073 **ORT**, ULM

Ansprechpartner Rose, Marcus

Steueridentifikation: USt-IdNr.: DE306394148

Lektorat & Korrektorat: RDW – Traders CLUB

Cover: Germancreative
(https://www.fiverr.com/germancreative)

ISBN: 978-1088695579

Druckerei: Amazon Media EU S.à r.l., 5 Rue Plaetis, L-2338, Luxembourg

Bücher Tipp

Hier geht's zu dem Buch Pralinen und Konfekt Rezepte

Hier geht's zu dem Buch Smoothie Rezepte

Hier geht es zu den Cocktail Rezepten

Hier geht's zum Buch Party Rezepte

Printed in Poland
by Amazon Fulfillment
Poland Sp. z o.o., Wrocław

84208333R00096